Modern World Literature Series

AN ANTHOLOGY OF MODERN PORTUGUESE AND BRAZILIAN PROSE

Introduction and notes by
A. G. DE SOUSA
Lector in Portuguese
University of Cambridge

and

I. R. WARNER
Lecturer in Spanish
University of Sheffield

HARRAP LONDON

First published in Great Britain 1978
by GEORGE G. HARRAP & CO. LTD
182–184 High Holborn, London WC1V 7AX

This edition with Introduction and Notes
© *George G. Harrap & Co. Ltd* 1978

All rights reserved. No part of this publication may be reproduced in any form or by any means without the prior permission of George G. Harrap & Co. Ltd

ISBN 0 245 53096 7

Phototypeset in V.I.P. Bembo by Western Printing Services Ltd, Bristol.
Printed in Great Britain by Biddles Ltd, Guildford, Surrey.

Preface

The purpose of this anthology is twofold. The primary aim is to provide modern prose passages, of varying length and difficulty, for the use of students of Portuguese. We also hope that the book will serve as a helpful introduction to the considerable achievements of Portuguese prose fiction in three continents. Some short stories are included, but, in search of representative material, we have not hesitated to extract passages from novels. The notes are chiefly intended as aids to the comprehension of words or phrases of the sort which might lie outside the scope of the average Portuguese-English dictionary. The passages are arranged chronologically, not in order of difficulty.

We would like to express our gratitude to the Fundação Calouste Gulbenkian for generous financial assistance. We are also indebted to Professor F. W. Pierce for much practical help and encouragement, and to Sr. Luandino Vieira, who kindly supplied a glossary of African terms for *Estória da Galinha e do Ovo*.

Note

An asterisk in the text indicates that the word, phrase or passage so marked is dealt with in the notes beginning on page 154.

Acknowledgments

As well as to living authors who have kindly given permission to reproduce copyright material, our thanks are also due to the following publishers and literary heirs: Livraria Bertrand for *O Rapto de Brízida, Sexta Feira da Paixão* and *Uma Caçada aos Pombos*; Sra. D. Elena Muriel Ferreira de Castro for *Tiro ao Alvo* and *O Incêndio*; Sr. Júlio dos Reis Pereira for *Entra em Cena Melle Dora*; Livraria Sá da Costa Editora for *O Mulato João*; Edições 70 for *Estória da Galinha e do Ovo*; Sra. D. Heloísa de Medeiros Ramos for *O Menino Mais Novo* and *Ciúmes*; Sra. D. Elisabeth Lins do Rego for *A Herança* and *A Casa Assombrada*; Sra. D. Vilma Guimarães Rosa for *Maria Mutema* and *A Terceira Margem do Rio*.

Contents

		page
Introduction		1
Aquilino Ribeiro	O Rapto de Brízida	31
Ferreira de Castro	Tiro ao Alvo	41
	O Incêndio	43
José Régio	Entra em Cena Melle Dora	47
Vitorino Nemésio	Sexta-Feira da Paixão	58
	Uma Caçada aos Pombos	61
Miguel Torga	Madalena	64
	Escândalo na Cardenha	68
José Cardoso Pires	Renda de Peniche	73
	Amputação	76
Castro Soromenho	O Mulato João	81
Luandino Vieira	Estória da Galinha e do Ovo	91
Graciliano Ramos	O Menino Mais Novo	111
	Ciúmes	115
José Lins do Rego	A Herança	120
	A Casa Assombrada	125
Jorge Amado	Cangaceiros na Cidade	132
	Cada Coisa em Seu Lugar	137
João Guimarães Rosa	Maria Mutema	143
	A Terceira Margem do Rio	148
Notes		154

Introduction

Portuguese Prose

The death in 1900 of Eça de Queiroz, the last surviving major figure of the famous generation of 1870, marks the end of an era in Portuguese letters. In the period which ensues literary activity tends to be dominated by the deep social and political upheavals of Portugal in the first decades of this century. The Republic, which was inaugurated in 1910, two years after the assassination of Carlos I, failed to find effective remedies for the problems associated with the country's chronic under-development, problems increasingly exacerbated by the technological innovations and changing economic relationships of the modern age. The pace of industrialisation was slow and the mass of the populace remained dependent on a backward agriculture to which emigration provided the chief alternative. At the same time, the Republic offered ample scope to a process of political rivalries and confrontations which served to promote a persistent climate of crisis. Such conditions were not conducive to the appearance of literary works of lasting worth. The intellectuals of the time tended to devote themselves to the sphere of ideologies, to the working-out of new values, even to direct participation in political life, rather than to the sheltered task of literary creation. Nevertheless, three prose writers of importance emerged during this period: Teixeira Gomes (1860–1941), Raul Brandão (1867–1930) and Aquilino Ribeiro (1885–1963).

Teixeira Gomes, a businessman whose progressive ideas and active interest in politics carried him as far as the presidency, reveals in his short stories a typically 'southern' outlook—sensual, optimistic, not over-preoccupied with moral issues. His extensive travels and wide reading helped to equip him with both a rich experience of life and a fluent narrative technique, qualities which, allied to his wit and charm, constitute the chief merits of his work. Raul Brandão is a very different kind of writer, painfully sincere, firmly committed to ethical values, uneven in his management of technical resources. Having begun his career in a naturalist vein, he gives a freer rein in his later work to personal anxieties and frustrations, at the same time retaining a deep concern for the living conditions of the poorer sectors of society and antagonism towards the system which produces and perpetuates them. His flawed but powerfully affective novels anticipate, in some respects, both the psychological novel of the thirties and the social-realist trend of the forties.

Notwithstanding the merits of Brandão, the only prose writer of unquestionable stature to emerge during the Republic is Aquilino Ribeiro. One of the rare professional writers of his time, his abundant output includes fictionalised biographies, semi-fictional autobiographical works and animal stories for children as well as his novels. Aquilino's rich vocabulary together with his predilection for themes, characters and settings which bring into focus what he perceives as the fundamental characteristics of Portuguese national temperament and culture justify placing him in a tradition running from Camilo Castelo Branco in the nineteenth century to Miguel Torga and Vitorino Nemésio in more recent times—a tradition which advocates authentic national values as the basis of the novel, as opposed to the tendency of the 'estrangeirados', whose most notable example is Eça de Queiroz, to incorporate in their work a large measure of ideological and stylistic influences from abroad. Yet it would be mistaken to categorise Aquilino too rigidly, since his work represents a synthesis of diverse elements, some deriving from the European intellectual climate of his day, some from the indigenous tradition and some from his own innovatory and idiosyncratic approach. The instinctual nature of the relationship between the sexes constitutes a recurrent theme in Aquilino's novels, a theme which should be seen in the context of a long-established tendency in Portuguese literature to exalt the erotic impulse. Any denial or evasion of the sexual urge is strongly deprecated, and the figure of the timid intellectual, inhibited in his responses, is often the target of ridicule. Love is presented in an anti-sentimental manner, as uncomplicated physical desire, and as a valuable experience for precisely that reason. The fact that the female partner in the relationship frequently appears little more than an object, a goal to be achieved despite all obstacles, may be distasteful to many readers; in mitigation, it is only fair to point out that Aquilino set out to portray Portuguese society as he found it, without glossing over the patriarchal structures and attitudes which have not altogether disappeared even today.

An important facet of Aquilino's work is the major role given to ordinary people of the countryside, who are depicted without preconceptions and with close attention to their speech and mode of life. Whereas previously in the Portuguese novel they had tended to appear as secondary figures, with a didactic, picturesque or comic function, Aquilino makes them his protagonists. Generally, they are simple, even primitive in outlook, although not lacking in rustic astuteness. His favourite hero is the *beirão* (Aquilino was born in Beira Alta, one of the more backward provinces) who, even when presented with elements of caricature, embodies traditional Portuguese virtues. In some novels the countryman is shown as an exile in the city, where his presence serves to highlight the frivolity and decadence of urban values.

It is rather paradoxical that the writer who is widely regarded at home as the foremost Portuguese novelist of this century remains relatively neglected outside his own country. The obscurities of his language and sometimes wilful mannerisms of his style may have much to do with this disparity of opinion which, in itself, suggests a measure of exaggeration on both sides; or it may be that Aquilino's regionalism, the distinctive strength of his novels, constitutes an obstacle to the more universal recognition they merit.

By the end of the 1920s prose fiction in Portugal suffered from the same maladies as national life as a whole—a narrow nationalism, a sentimental attachment to the past and a marked lack of creative vigour. As in 1870, the *annus mirabilis* of Portuguese literature, it was once more from the University of Coimbra that a campaign was launched to combat the prevailing mediocrity. The review *Presença*, founded in 1927 by a group of students, promulgated a set of theories and criteria which, radical and innovatory in their day, subsequently came to form the basis of Portuguese literary criticism and have a vestigial influence even today. But the importance of the *Presença* group is not limited solely to the field of literary criticism. As well as the renowned critic and novelist Gaspar Simões (1903–), the ranks of the *presencistas* include the poet and novelist José Régio (1901–69) and the novelist Branquinho da Fonseca (1905–); moreover, both

Miguel Torga (1907–   ) and Vitorino Nemésio (1901–78) were also, for a period, associated with the movement. Around *Presença*, in fact, there grew a renovating impulse which embraced all fields of artistic expression, from poetry to the plastic arts, and included a serious appraisal of the cinema.

The theorists of the movement believed that prose fiction in Portugal had congealed around the twin influences of Eça and Camilo, whose respective styles, techniques and ideas were largely being echoed. Some degree of exemption from this judgment was accorded to the work of Aquilino Ribeiro, although his liking for regional vocabulary and the extremes of his style did not escape criticism. Raul Brandão, on the other hand, earned a measure of admiration for his sincerity and the intense emotional colouring of his vision.

For the *presencistas* the most important quality in a writer was originality, a quality they would define as the sincere expression of the most intimate aspects of personality. But when he discloses the secrets of his being, including what is aberrant or shameful, the writer reveals not only his own inner nature but also that of the society of which he is a part; his aim, in fact, should be that of showing how his personal problems are rooted in society at large, so that his work may constitute 'a human document, exemplarily personal to the point of having collective relevance' (Régio). It is also essential to raise what is 'deep, innocent and virginal' (Gaspar Simões), the innermost depths of the human mind, to the level of conscious awareness before it can become the material of artistic creation. Such a formula, while based on rational aesthetic concepts, betrays an underlying interest in the subconscious and in intuitive modes of perception, and thus announces the appearance, in Portugal, of the psychological novel. In this type of narrative the focus of attention is on conflicts taking place within the mind of an individual, or within interpersonal relationships—the novel which represents the most comprehensive embodiment of *presencista* theory is Gaspar Simões' revealingly entitled *Elói, ou Romance numa Cabeça*. Rather than the chronological concept of time, the emphasis is on *temps vécu*, that is, the personal apprehension of temporality. The logical narration of a sequence of external events, one of the chief characteristics of the traditional novel, is thus often absent. From a stylistic point of view, *presencista* prose is conceived as an antidote to a deeply ingrained national tradition which valued elegance of diction above significance of content. 'Style', in the sense of refinement or decoration, is thus firmly rejected by writers such as Régio in favour of a more natural terseness which is by no means devoid of sensitivity or aesthetic appeal.

The most eminent literary figure of the *Presença* group is undoubtedly the novelist, poet and dramatist, José Régio (José Maria dos Reis Pereira). Although his fable *O Príncipe com Orelhas de Burro* enjoyed considerable success, his principal contribution to the field of fiction, apart from *Histórias de Mulheres* (1946), lies in his psychological novels: *Jogo da Cabra Cega* (1934) and the five volume cycle *A Velha Casa* (1945–66). The recurrent theme in Régio's work is a profound self-questioning, a search for the authenticity of existence, which stems from an anguished sense of the gulf between the self and others and of the alienation of self from one's deepest impulses. This duality often acquires a metaphysical dimension, as a conflict between the mortal and the divine, the spirit and the flesh, good and evil. The basis of such preoccupations is the insincerity which underlies personal relationships, whether this involves casual café acquaintanceships or the closer liaisons between friends or lovers. For Régio an intimate relationship with another person is both impossible in the true sense and, in practice, a complicated piece of deception. Subconscious motivations are invariably at work, especially those concerned with self-gratification and with the urge to dominate; feelings of envy, hatred or disgust, normally repressed, are prone to appear in moments of tension. Where love is concerned the failure is even more dramatic, for it is in this most demanding of encounters that the deceitful complexity of human aspirations and urges is thrown into sharp relief. Every man is forced, by the experience of love, to recognise the most shameful aspects of his own personality.

Régio's gloomy world of occluded horizons in which man is trapped, filled with anguish, calling on God to put an end to his suffering, his unwillingness to see anything more than loneliness and disillusion at the core of the human soul, is not to the taste of some modern readers. His outlook has something in common with that of a writer such as Sartre, but Régio cannot match the latter's universality and cohesion of thought. There is a touch of the *feuilletonist* in his approach, and the climactic scenes of his novels occasionally stray over the borderline separating the revelation of unsuspected depths of feeling from the improbably melodramatic. As a *presencista,* however, Régio was not over-concerned with common sense, but rather with uncomfortable truths. His non-psychological fiction displays a surer aesthetic judgment but is arguably less powerful or significant.

Of the writers who have points of contact with the *Presença* movement rather than belonging to the group itself, one of the most important is Vitorino Nemésio (1901–78). As a novelist, poet, critic, literary historian and university professor, Nemésio has played a prominent part in Portuguese intellectual life during the last thirty years. Of his prose fiction, which comprises numerous short stories as well as two novels, *Mau Tempo no Canal* (1944), a sequel, in some respects, to *Varanda de Pilatos* (1926), is generally considered his most significant work. The Azores, where he was born, with their enervating climate, archaic social structures and idiosyncratic dialect, have proved a consistent source of material for his novels. Indeed, there is a certain tendency for the setting to predominate over other elements; the narrative thread is frequently broken in order to supply the reader with detailed accounts of local history, the etymology of place names or other matters of ethno-cultural interest. Nemésio devotes considerable attention to the way of life of the ordinary people of the islands—whalers, peasants, servants of a wealthy class which still includes the remnants of an ancient aristocracy—and shows much insight into a curious duality in their temperament: warmth of feeling, tenacity and strength coexisting with passivity, resignation and deference. In this area Nemésio's attitude differs notably from that of many of his contemporaries in the Portuguese novel; whereas they tend to present poverty and class relationships in a way which reflects their own convictions, their belief in the necessity and inevitability of radical changes in the social order, Nemésio takes a dispassionate view, that of the artist (and academic) who holds himself aloof from tendentious social issues. His detachment does not preclude sympathy for the victims of social deprivation, but his viewpoint is a traditionally humanistic one.

In a novel such as *Mau Tempo no Canal,* in spite of the hallowed theme of the difficulties and obstacles encountered by young love, the deep insight into the psychology of the characters reveals

Nemésio's kinship with the *Presença* school. But since his approach is free from the ethical and metaphysical preoccupations of, for instance, José Régio, he is able to achieve a greater balance and aesthetic coherence. Another clear *presencista* trait is the important role played in his novels by dreams, day-dreams and fantasies. Again, in Nemésio's case, such episodes are characterised by verbal brilliance and the adroit manipulation of evocative metaphors, rather than by any intention to disturb the reader. It is as a stylist, in fact, as a virtuoso of language and mood, that Nemésio has made his most distinctive contribution to the modern novel. From an ideological point of view, it is possible to feel that his concept of life harks back to that of the romantic novelists, that it lacks the analytical and critical perspective needed by the modern writer who must come to grips with pressing social issues.

Miguel Torga (Adolfo Correia da Rocha, 1907–   ) began his literary career as an adherent of the *Presença* movement, but soon struck out in a new direction, toward a concept of fiction which has elements in common with the rival neo-realist tendency. Nevertheless, his writing has a strongly individual flavour, independent of any school, which has helped to establish his position as one of the classics of this century. As is the case with José Régio and Vitorino Nemésio, his gifts are not limited to the sphere of prose fiction—he is an internationally recognised poet as well as a dramatist. Torga's most massive achievement, although uneven in quality, is the *Diário,* of which, to date, twelve volumes have appeared. This work does not consist simply of memoirs, as the title suggests, but is a wide-ranging compendium of fictional, autobiographical and other material, written both in prose and verse, in which Torga sets out to convey the full complexity of his evolving personal and literary outlook. He is the author of three novels, of which only the last has aroused continuing interest. This is *Vindima* (1945), which, although not without some technical faults, constitutes the best example of social criticism in his work, and is also the only novel to approach the concentrated force of his short stories. In this latter *genre* Torga has achieved a mastery of expression unrivalled in the modern era, and it is on his six collections, from *Pão Ázimo* (1931) to *Pedras Lavradas* (1951), that his significance as a prose writer is largely based.

Torga's stories are generally set in the more inaccessible areas of

MODERN PORTUGUESE AND BRAZILIAN PROSE

the province of Trás-os-Montes, where it is still possible to encounter semi-feudal modes of life, virtually cut off from the modern world. The characters in the stories have an outlook which can best be described as primitive, close to the earth—a fundamental notion, this, for a writer who once described a ballet performance which particularly moved him as 'a beautiful way of caressing the earth'. The recurrent theme in Torga's work, in fact, is the proximity of man to his telluric origins; yet, paradoxically, the theme frequently appears in the guise of human rebellion against an enslaving environment. Torga's treatment of rural settings and themes has something in common with Aquilino Ribeiro's presentation of the equally backward Beira Alta; there is the same firm commitment to the value of instinctive feelings and a down-to-earth philosophy of life. But Torga's classically sober style has little affinity with Aquilino's contrived, wordy, sometimes difficult expression. Torga's writing is terse, forceful and sharp-edged; regional dialect is used sparingly, providing local colour but never creating problems of comprehension for the reader—to the contrary, Torga's regionalisms have the effect of a powerful concentration of ordinary language.

Novos Contos da Montanha (1944) is widely held to be Torga's most impressive collection. These stories recount episodes from the lives of the rough and simple people of Trás-os-Montes, whose existence is dominated by an inhospitable natural environment. There is nothing of the picturesque here; Torga's professional duties (he is a doctor), bringing him directly into contact with the realities of human suffering, preclude any such detachment. The stories are inspired by compassion and a sense of injustice, and his aim is to call the attention of comfortably-off urban Portuguese to the wretched conditions of life in backward rural areas. Nevertheless, there is no exclusively negative emphasis. Torga consistently stresses the positive value of human feelings and aspirations and of the sturdy virtues engendered by hardship. The collection of animal stories, *Bichos* (1940) also contains some of Torga's best work. His animals speak, think, feel and act in ways which are essentially the same as those of his primitive human characters, whose lives are closely linked with the natural world. The work certainly shares the tendency of such fables to present a commentary, through allegory or symbols, on human psychology and social behaviour, and the *bichos* include a number of recognisable

Iberian types. But these creatures, as such, also have something to teach men about the secrets of life, just as Bambo the toad imparts to an old countryman a sense of the wonder and sweetness of creation; or the improvident cicada, conscious of the metamorphoses of its own existence, who perceives that for all the hazards and fated brevity of existence, 'to sing is to believe in life, to overcome death.'

Although Torga's is a very individual talent, the evolution of his work nevertheless reflects a wider process of reaction, which began toward the end of the thirties, against the type of prose-fiction favoured by the *Presença* group. A growing number of writers felt that an emphasis on private experience was inappropriate in an era of violent ideological antagonisms (epitomised in the Spanish Civil War, the prelude to an even wider confrontation), and in a country which was an early victim of the trend in Europe toward fascist dictatorship. Their response was to cultivate a novel of open social and political commitment of the type usually termed neo-realist. They were convinced that Portugal's increasing rate of industrialisation, by encouraging the growth of large work-forces in urban areas and exposing ever more clearly the poverty of the populace at large compared with the wealth of the privileged few, was creating a high level of political awareness and a propensity for militant action among the working classes, whose struggle, it was believed, would inevitably be successful. The function of writers was to accelerate this process, by confronting literate, civilised city-dwellers with the dehumanising conditions under which large masses of people lived and worked, and by pointing out a common interest in the overthrow of a system of exploitation and alienation in which everyone was implicated.

The term 'neo-realist' denotes, on a general level, a determination to present social deprivation and injustice in a realistic or documentary manner. More specifically, it refers to a conception of the novel rather different from that of the nineteenth century realists, who had tended to focus on a limited sector of society, the bourgeoisie, which was analysed from a broadly socialist but positivist viewpoint. Neo-realists would claim to depict all of reality, that is, the historical experience of all sectors of society, using a dialectical-materialist approach. Thus, in theory, neo-realism represents not so much a way of writing as a search for 'a expressão, por mil maneiras, da realidade total em movimento' (Mário Dionísio). In practice, however, there is a tendency to concentrate attention on the 'problem' areas of the country, and, while all social strata are represented, there is a particular emphasis on those which are most clearly the victims of exploitation and repression. In fact, the pleiad of writers who are classified as neo-realists have little more in common than an imprecisely defined tendency to stress social issues and a set of political aspirations which can be generally categorised as left wing. Although certain writers develop a more sophisticated approach, the neo-realist novel, especially in the early years, is marked by youthful idealism, even ingenuousness. A direct appeal to the reader's emotions is preferred to artistic refinement, the description of heroic collective struggles replaces analysis of individual psychology. Such novels, technically undistinguished but rich in feeling, directly contradict many *presencista* tenets—an antagonism which, through the resultant process of discussion and debate, ultimately served to enrich literary criticism in Portugal. More importantly, perhaps, a number of writers, of whom Torga is the most eminent example, were spurred to achieve a fairly successful synthesis of the two modes. The early, 'primitive' formulas of neo-realism were gradually abandoned, and the movement, in more complex and subtle guises, continues to be an important one.

Among indigenous writers, the most significant precursor of the neo-realist movement is undoubtedly Ferreira de Castro (1898–1974). *Emigrantes,* which appeared in 1928, is generally recognised to be the first novel with an open social commitment to appear in Portugal. Although works such as *A Lã e a Neve* (1947), *A Curva da Estrada* (1950) and *A Missão* (1954) fit naturally into the programme and techniques of the neo-realist school, Ferreira de Castro's writing as a whole is too diverse and individual for him to be considered a typical neo-realist. His earlier works, *Emigrantes* and *A Selva* (1930) are impressive accounts of the harsh experiences suffered by the large number of Portuguese—of which Ferreira de Castro was one—who set out to make their fortune in Brazil, only to find oppressive conditions of work, physical suffering and disillusion. Of the two novels, *A Selva* is technically more accomplished, and has become a classic beyond the frontiers of the language in which it was written. Set against the carefully evoked background of the rubber-tapping industry in the Amazonian forests, a drama of immigrants and ex-slaves is played out, reaching a climax of extraordinary force. Although he was relatively young when he wrote *A Selva,* there is little in Ferreira de Castro's subsequent work to match its emotional intensity or expressive beauty; nor does he so convincingly express his sense of human brotherhood and anger at social injustices as in this quite exceptional novel.

Although Ferreira de Castro's example was certainly influential, the greater part of the inspiration for the neo-realist novel came from writers in France, Italy, North America and Brazil. Not all of the Portuguese neo-realists, however, could match the sophistication of their foreign models, or fully assimilate their techniques. Nevertheless, figures such as Alves Redol, Manuel da Fonseca, Fernando Namora and Carlos de Oliveira are able to transcend formulas and produce works of authentic value. The work of Alves Redol (1911–70) is the most representative, if not necessarily the best, of the school. Redol's early novel, *Gaibéus* (1939), set among migrant workers in the Ribatejo rice-fields, is intended, in the author's own admission, as a documentary of human life rather than as a work of art. His subsequent work provides a good illustration of both the strengths and the weaknesses of such a conception of the novel, a conception characteristic of the neo-realist approach. Redol had an enormous fund of sympathy for the poor and underprivileged, and used his writing—plays, stories and essays as well as novels—as a weapon in the struggle against social injustice. The lyrical passages and broad narrative sweep of his earlier novels owe much to the example of the Brazilian Jorge Amado, but a more original approach is evident in such later works as *A Barca dos Sete Lemes* (1958) and *Barranco de Cegos* (1962).

The social-realist novel, at least in the forms it took in the forties, was superseded in due course by tendencies derived from wider European trends, such as the existentialism of Sartre and Camus, and the renewed vigour of the surrealist movement. During the sixties the French *nouveau roman* also exercised considerable influence, especially on technical aspects of the novel. Many writers who had begun as neo-realists felt the need to reconsider their position. Some adapted their methods to take account of the new tendencies; others switched their allegiance completely. The difficulty in maintaining the original neo-realist stance is due to more than a reawakening of interest in such themes as loneliness, lack of communication, personal freedom and the absurdity of the human condition. It is the notion of objective reality that is called into question. A pragmatic approach, geared to the expression of collective aspirations, loses much of its validity when confronted with a widely held concept of reality as something ambiguous and many-sided; consequently, the analysis of subjective experience becomes as important as the documentary function of the novelist. The most recent tendency, in fact, has been to avoid the formulas of any specific school. Each new novel aims at an expressive and thematic originality of its own.

The post-war evolution of the novel is well illustrated by the work of two writers, Vergílio Ferreira (1916–) and Fernando Namora (1919–). Both produced, in the forties, a number of narratives in the neo-realist mode and subsequently developed a more complex type of novel. With his aptly-entitled *Mudança* (1950) Ferreira initiates a continuing search for new forms of expression and a concern with existential problems which is to lead him, in his later works, to an almost philosophical profundity. *Aparição* (1959), *Alegria Breve* (1965) and *Nítido Nulo* (1971) are some of his outstanding achievements. Namora progresses to a more universal concept of realism in which his sympathy for human suffering in a social context—both urban and regionalist—is combined with a more personal, ontological sense of anguish in novels such as *O Homem Disfarçado* (1957) and *Domingo à Tarde* (1962). But the writer who most successfully reconciles social commitment with modern techniques is, in our opinion, José Cardoso Pires (1925–).

Pires makes extensive use of allegory, symbolism and indirect allusions, both as artistic recourses in their own right and, apparently, as means of circumventing state censorship and criticising the Salazar regime. This technique, the beginnings of which can be found in the short stories written around 1950 (the best of which, with some revisions, reappeared in 1963 under the title *Jogos de Azar*) comes to the fore in Pires' first extended narrative, *O Anjo Ancorado* (1958). This work examines the relationship between two middle-class visitors to a poor fishing village. While they are engaged in complacently disillusioned self analysis—just

INTRODUCTION

as the monks of Byzantium, the author reminds us, disputed the sex of the angels during the siege of their city—a parallel series of episodes shows the laborious struggle for a living of the people of the village, under conditions which form a deliberately pointed contrast to the wealth and leisure of the city couple. *O Anjo Ancorado,* like Pires' subsequent novels, does not have a plot in the conventional sense. His aim is to present a fable and to draw attention to its deeper meanings. He invokes the traditional function of fables to entertain and instruct, but it is as well to keep in mind that the entertainment is of a high order—given the work's aesthetic qualities—and that the moral it teaches is one that calls prevailing social morality into question, forcing the reader to recognise his own unconscious hypocrisy.

Pires' reputation was fully established by *O Hóspede de Job* (1963). Employing a wide range of up-to-date techniques, but also giving clear expression to the author's socio-political objectives, the novel provides a vivid account of conditions in Alentejo, a region where poverty, exploitation and the repressive apparatus of the Salazar regime were more clearly evident than elsewhere in the country. The characters and situations are derived from the neo-realist regionalist tradition, but Pires' treatment of them, with its lack of sentimentality, complex play of contradictions and high degree of stylisation, places the novel in a quite different category. He draws on techniques from the cinema, the 'reified' approach of the *nouveau roman* and the innovations of certain North American writers to produce a work which definitively transcends both the narrow regionalism of the sort found in the novels of Aquilino Ribeiro and the type of realist expression which, in Portugal, had never quite shaken off the influence of Eça de Queiroz. Pires' most recent novel, *O Delfim* (1968), widely considered his best work to date, incorporates all the fashionable devices of contemporary prose fiction: absence of plot, suppression of chronological time, frequent shifts of perspective and focus, participation of the author—and even the reader—in the narrative etc. Such a display of technique (the work is structured as an 'entertainment', with an element of suspense borrowed from the detective novel) does not preclude the presentation of serious social criticism, used, as it is, by a writer whose gifts are allied to a keen appreciation of his role and obligations *vis-à-vis* the society of which he is part.

Portuguese African Prose

The independence, after 1974, of the former Portuguese-African colonies has prompted considerable interest in the literary and cultural achievements of the countries concerned: Angola, Mozambique, Guiné-Bissau, São Tomé e Príncipe and the Cape Verde Islands. In spite of a long tradition of literature written in the Portuguese language, the literary production of the new countries, taken as a whole, is still at a relatively immature stage. This is understandable, given the slow pace of development—printing presses were rare until well into the nineteenth century—the limited cultural opportunities of the populace at large and the strict censorship imposed by the Salazar regime for almost fifty years. Under such conditions it is not altogether surprising that, hitherto, African-oriented writing has been, to a large extent, the work of metropolitan Portuguese or of Africans with a European cultural background.

After the First World War there was a tendency for the African colonies to replace Brazil in the imagination of would-be Portuguese emigrants as the land of unlimited opportunity. Such a view was encouraged by a regime which both clung to colonial pretensions and needed to provide an outlet for the pressures generated by the domestic economy. Consequently, there appeared a type of literature which stressed the exotic and mysterious aspects of Africa and appealed to the sense of adventure of potential colonists. Among the numerous works in this vein, one might mention, as an illustration, *O Velo de Oiro* (1932) by Henrique Galvão, well known for his subsequent opposition to the Salazar regime. The emergence of the neo-realist movement in the Portuguese novel, however, gave a new direction and impetus to Portuguese-African writing. It goes almost without saying that the African territories offered an abundance of material to writers whose chief concern was to expose human misery and exploitation.

It was the impact of neo-realism, in fact, which brought about a definitive literary 'awakening' in the Cape Verde Islands, considerably in advance of the other former colonies, with the exception of Angola. The Islands enjoyed a certain advantage in this respect by virtue of the reasonable level of literacy among the inhabitants

INTRODUCTION

and a relatively greater cultural affinity with metropolitan Portugal. From about 1930 onwards, it is possible to speak of a Cape Verdean literature with a number of talented writers, whose work faithfully reflects the islanders' temperament and outlook, their awareness of the realities of poverty and hunger, their isolation, their nostalgia and sense of loss. Such traits stem from a lack of natural resources, frequent cyclical droughts and resultant large-scale emigration. Two literary revues, *Claridade* (founded in 1936 by the Island's greatest poet, Jorge Barbosa) and *Certeza* (1943) played an important role in the development of a sense of cultural identity. The most important indigenous prose-writers are Baltasar Lopes (*Chiquinho*, 1947), António Aurélio Gonçalves (*Pródiga*, 1956) and Manuel Lopes (*Chuva Braba* 1956; *O Galo Cantou na Baía*, 1958; *Os Flagelados do Vento Leste*, 1960), while the most distinguished treatment of Cape Verdean themes and settings is perhaps to be found in the work of the metropolitan Manuel Ferreira (*Morna*, 1948; *Morabeza*, 1958; *Hora di Bai*, 1962). The development of the novel in São Tomé e Príncipe was also strongly influenced by the neo-realist movement. With the exception of Viana de Almeida (*Maiá Poçon*, 1937) and Mário Domingues (*Menino entre Gigantes*, 1960), it is the metropolitan writers who have made the most effective use of the islands as a setting. Fernando Reis (*Roça*, 1960) and Luis Cajão (*Estufa*, 1964) are the best known. As for Guiné, the only major African writer to set his novels in its hot, humid environment is the Cape Verdean, Fausto Duarte (*Auá*, 1934; *O Negro Sem Alma*, 1935). Among the metropolitans, the work of Fernanda de Castro stands out (*Mariazinha em África*, 1926; *O Veneno do Sol*, 1928), and some mention must be made of a number of vivid accounts of military campaigns written by ex-servicemen—a literary phenomenon, this, by no means limited to Guiné. In Mozambique, an important stimulus for the development of the novel was provided by Rodrigues Júnior, who settled there in the 1950s and produced a number of works (*O Branco da Motase*, 1952; *Calanga*, 1955; *Muende*, 1960; *Era o Terceiro Dia do Vento Sul*, 1968) which reflect his deep affection for the country and its people. Of the indigenous writers, one might single out the prematurely deceased João Dias (*Godido e Outros Contos*, 1952) and Luís Bernardo Honwana (*Nós Matamos o Cão Tinhoso*, 1964). But of all the Portuguese-speaking African countries, it is undeniably Angola which possesses the richest literary heritage and the greatest potential. Of the many talented writers who have emerged since the nineteenth century, it is more convenient, at this point, to concentrate attention on the two most important figures, Fernando Monteiro de Castro Soromenho (1910–68) and Luandino Vieira (1937–).

Castro Soromenho was actually born in Mozambique, but passed the greater part of his life in Angola and in Portugal. In Angola he worked as an official for a large diamond company and as the *Chefe de Posto* of various districts of the interior. These experiences, allied to his keen interest in ethnology, provided him with an extensive knowledge of negro customs and attitudes, which was to be put to good use in his subsequent novels. His writing can be divided into two phases. In the first, which extends from *Nhári* (1938) to *Calenga* (1945), the author takes a detached viewpoint, that of the ethnographer, depicting the problems of tribal life but avoiding the political implications of his material. After venturing into the field of historical reporting, with an account of the trans-African journey of Capelo and Ivens, *A Maravilhosa Viagem dos Exploradores Portugueses* (1948), Castro Soromenho veers definitively toward a political motivated realism, with the novels *Terra Morta* (1949) and *Viragem* (1957), works which outspokenly denounce the abuses and exploitation to which white colonists subjected the black population. At the same time there is an implicit criticism of the supposed 'civilising mission' of the Portuguese; in the last analysis, he shows the term refers to a process by which the vices of metropolitan society are transplanted to African soil, corrupting the natural innocence of the natives. Such a message could not hope to escape Salazar's censorship. Castro Soromenho's books were banned, his publishing business was closed down, and he was forced into exile, where he died. His work stands as the most important contribution to Luso-African literature written in classical Portuguese style.

Luandino Vieira (José Vieira Mateus da Graça) came to prominence in 1965 when his volume *Luuanda* (1964) was awarded the *Grande Prémio da Novela* by the Portuguese Association of Writers. The author, convicted of subversive activities, was already serving a period of detention in a penal settlement in Cape Verde. Official reaction to the award was predictably severe: the Writers' Association was disbanded and some members of the prize-awarding jury were arrested. While he remained a *cause célèbre* among left-wing circles it was difficult to reach any objective assessment of Luandino Vieira's purely literary merits, but his exceptional talent has now achieved wide recognition. One of his favourite subjects is the life of the *musseques* (poor black quarters) of Luanda, areas which provide vivid examples of the poverty and oppression suffered by black people during the Portuguese occupation. An important aspect of his work, from an artistic point of view, lies in his ability to transform elements of popular speech into an original literary language—a transformation in some ways similar to that achieved by the Brazilian writer Guimarães Rosa. The language of Luandino Vieira's stories, however, is more than a successful literary creation. It also represents a reaction against the linguistic hegemony of the metropolis, by affirming the value of what some metropolitans deprecatingly refer to as *pretoguês*, the 'incorrect' morphological and syntactical structures found in the speech of poor urban blacks. Although the socio-linguistic implications of such a style (which constitutes a symbolic rejection of all forms of imperialism emanating from Lisbon) have aroused great interest, the freshness and distinction which it gives to Luandino Vieira's writing is of at least equal importance.

Brazilian Prose

The development of Brazilian literature during the twentieth century can be better understood when viewed against the broader background of Brazil's emergence as one of the major nations of the American continent. Modern Brazilian writers have tended to be keenly aware of their civic responsibilities, of the importance of their role in shaping national consciousness and creating specifically Brazilian modes of expression, of their duty to sustain a level of cultural achievement commensurate with material progress. It should also be pointed out, however, that the country's rapid economic and demographic expansion, with its inevitably disruptive social consequences, has posed problems for writers, especially the novelists, who have sought to present an artistically unified vision of a volatile, heterogeneous and, in some senses, fragmented society.

By the first years of the century Brazil had already made a significant contribution to prose fiction in the Portuguese language. To the achievement of one indisputably great novelist, Machado de Assis, can be added the popular romantic novels of José de Alencar, those produced by an important naturalist school and a number of isolated works of value. A work of seminal importance, *Os Sertões* of Euclydes da Cunha, a vivid account of civil conflict provoked by social conditions in the rural northeast, appeared in 1902, as did Graça Aranha's *Canaan,* an early attempt to examine the implications of large scale immigration from Europe. But although Lima Barreto (1881–1922) was moving toward a modern concept of the urban novel, and Monteiro Lobato (1882–1948) was lending a fresh dimension to the regionalist tradition, Brazilian writing in general during the early years of this century did not advance significantly beyond the style and subject-matter of the late nineteenth century.

As in European countries, the First World War can be seen as marking the end of an epoch in Brazil. A widely felt need for renovation, for the creation of structures appropriate to the modern world, began to have repercussions in all aspects of national life and culture. If, in 1922, the Copacabana Revolt and the founding of the Communist Party of Brazil were clear pointers to coming political changes, the Modern Art Week held in São Paulo in the same year marks a repudiation of old forms and attitudes in the arts. The movement launched in São Paulo, *modernismo,* comprises diverse tendencies; it can be defined narrowly as a vanguardist tendency of a type common to many countries in the twenties, largely concerned with aesthetic values and expressive originality; or a broader definition would include social and political preoccupations at odds with the aestheticist trend, and regard *modernismo* as the dominant mode in Brazilian literature between the wars. It is worth noting, however, that the first wave of the movement contains a strong element of nationalism, expressed through an interest in primitivism and indigenous culture, and, equally, through a determination to base literary expression on spoken usage in Brazil as opposed to the stylistic and syntactical formulas of literary Portuguese. Such aspirations are clearly evident in Mário de Andrade's experimental novel *Macunaíma* (1928), an account of the varied adventures (some set in a modern context) of the eponymous folk-hero. The language of this work, with its kaleidoscopic mixture of popular idiomatic expressions, regionalisms, negro and indian terms, attests the author's intention to speak with an authentic Brazilian voice. Similarly, the character of the hero—or rather his lack of character, his enigmatic inconsistency—is meant to convey Andrade's concern with the heterogeneous composition of Brazilian society, with the problem of establishing a corporate sense of identity.

Andrade's bold if not altogether successful experiment can certainly be regarded as a precursor of more recent fiction in Brazil, but had few repercussions in its own time. The direction to be taken by the Brazilian novel was more clearly foreshadowed, in the year *Macunaíma* was published, with the appearance of *A Bagaceira* by José Américo de Almeida, a work which provides the first impetus for the emergence of a type of novel which is to dominate the literary scene for more than a decade. The importance of Almeida's novel lies not in its language, which is intentionally 'literary,' nor in the construction of the plot, based, rather conventionally, on amorous rivalries, but in the setting, which is the sugar-cane industry of the north-east and in the author's clear intention to bring the social conditions of the region to the attention of the country at large.

Regionalism has been a persistent feature of Brazilian writing since the nineteenth century. The particular importance acquired by the north-east in this century for novelists, certain poets and, more recently, film-makers, has two facets. One is an intensification of interest in the region's special position in the economic and cultural development of the country, its earlier hegemony and slow decline, the thorough-going mixture of races and cultures in a near-tropical environment—features which confer a certain 'authenticity' when, for instance, the austerely traditional character and life-style of the north-eastern backlander are contrasted with those of the newly established middle-class urbanite or recently arrived European immigrant in the South. Perhaps more importantly, the north-east is seen as a problem which epitomises the disparities and conflicts created by rapid economic development, unpalatable aspects of national life which must be faced. Against the background of an inexorable decline of the sugar-cane industry, the region has experienced unstable 'booms' in cotton and cacao in modern times, as well as the social disruption associated with urban expansion in the coastal areas. In the *sertão* of the interior, backward economic conditions have persisted. The inhabitants, whose livelihood is periodically threatened by severe droughts as well as the insecurity of a system of latifundia, provide a constant supply of migrant labour for the industries of the South and the coast. Banditry has consistently offered an alternative way of life, made even more viable by the tendency of powerful landowners to employ armed bands of mercenaries to enforce their interests. Fanatical religious figures have occasionally attracted a massive following among the largely uneducated and long-suffering *sertanejos*. Thus, for the novelist, the north-east provides an effective scenario, a setting where class-conflicts and social upheavals are sharply and dramatically defined.

The way had been prepared for the novel of the north-east by a group of writers, artists and intellectuals in Recife, headed by the sociologist, Gilberto Freyre. On his return to Recife in 1923, after five years of studies abroad, Freyre actively began to foster interest both in the concept of regionalism (i.e., that the most valid approach to national reality is through its diverse—because regional—manifestations) and in the specific cultural heritage of the north-east region itself. Thus the direction marked out by *A Bagaceira* was soon followed by the young Cearense, Rachel de Queiroz (1910–) in her first novel *O Quinze* (1930), which relates the experiences of a group of refugees from the notorious drought of 1915. Unlike José Américo de Almeida, she employs a direct, unadorned style, derived in part from local speech. This trait is even more evident in *Menino de Engenho* (1932), by José Lins do Rego (1901–57), a friend and disciple of Gilberto Freyre and the most typical novelist of the north-east school.

Although, taken as a whole, the novel of the north-east is neo-realist in orientation, there is a tendency among critics to point to a certain pragmatism in the works of Lins do Rego, an eschewal of programmatic commitment in favour of objectivity and expressive freedom. Such a judgment is true in a limited sense, in that his political leanings are to the right of novelists such as Jorge Amado, Graciliano Ramos or the Rachel de Queiroz of *Caminhos de Pedra* (1937). In a broader sense the novels of Lins do Rego represent a fundamental commitment to society, an attempt to define and give expression to important aspects of national consciousness. The sociological emphasis of his work is most evident in the five novels which make up the Sugar Cane Cycle (1932–36), a chronicle of the vicissitudes of the industry in the first decades of the century, the assimilation of family-owned *engenhos* by the larger and better equipped *usinas* with the backing of foreign capital, and the impact of such changes on the lives of those affected by them. He convincingly portrays both the failing confidence and melancholy sense of frustration of the proprietorial classes and the problems of the dependent workers, forced to exchange the exploitation of the old patriarchal system for the impersonally degrading conditions brought by the new capitalists, whether in the *usinas* or the growing industries of the coastal cities. Lins do Rego draws extensively on personal experience (his childhood was spent in a Paraíba *engenho*) to recreate this process of change from within the minds of his characters as much as by external description. Some of his later novels are concerned with other aspects of the north-east 'problem'—the economic and spiritual stagnation of small towns in the interior in *Pureza* (1937) and *Fogo morto* (1943), banditry and religious fanaticism in *Pedra Bonita* (1938) and *Cangaceiros* (1953). Other works represent an attempt to explore fresh techniques away from the north-east setting.

Terms such as 'primitivistic' or 'spontaneous' have often been applied to Lins do Rego's work, descriptions which might suggest certain deficiencies in his narrative technique and range of expressive recourses. While some deprecation is not altogether unjustified, it must be pointed out that his narrative style is well adapted to his theme and point of view. The author invokes the traditional social function of the storyteller in order to justify his avoidance of complex narrative devices, his preference for direct communication. His language is uncomplicated but capable of great affective force; it is occasionally poetic although never 'literary,' based, both in narrative and dialogue, on the vernacular of his background, whether that of the general populace or the only relatively more refined speech of a rural planter class. In spite of a tendency to over-stress symbolic motifs, Lins do Rego's style aptly conveys his strongly moral vision of human life as a struggle for dignity and self-realisation amid powerful, often destructive, social and instinctual forces.

Lins do Rego's direct, sometimes documentary approach was well received in the thirties by readers in search of informative data to satisfy their concern with the social and political realities of their country. The view of society we find in the novels of

Graciliano Ramos (1892–1953) stems from an equally developed commitment—he was implicated in the communist-inspired revolt against Vargas in 1935—but, as a writer, he represents a rather different tradition, that of the careful stylist, epitomised by Machado de Assis. Thus, in Graciliano's novels, few in number and carefully constructed, skilful management of narrative techniques and precise control of language go hand in hand with a deep, almost clinical insight into the workings of the human mind and a complex, ironic attitude to life. Like Lins do Rego, he repudiates the notion of 'literary' style, and his language, although often elliptical, reproduces the rhythms as well as the forceful vocabulary of ordinary speech. The high degree of stylisation derives rather from a scrupulous selection and paring of linguistic material, a delicate weighting of emphasis and careful placing of key words and phrases, an adroitness in selecting details to match or enhance a mood; a measure of artistic control, in fact, which for all its lack of ostentation, cannot fail to come to the reader's attention.

Although written some years earlier, Ramos' first novel, *Caetés,* was not published until 1933. In the five years which followed he produced the three works on which his reputation largely rests: *São Bernardo* (1934), *Angústia* (1936) and *Vidas Sêcas* (1938). In all of these novels the social problems of the north-east exercise a strong influence, although more in terms of states of mind or the conflict of opposed moral values than as externally recorded facts. Much of his childhood was spent in the backlands. In as far as it is possible to generalise about his complex outlook, it may be said that whereas the *sertão* tends to be evoked by Ramos as an environment where hardship, cruelty and injustice are common, he shows, nevertheless, a certain nostalgic appreciation of its stable, rustic values, especially when they are set against the more complicated and degenerate life of less backward, more urbanised areas. Perhaps the most interesting aspect of this undoubtedly sociological theme lies in the way it is presented through the consciousness of central characters. The most remarkable example of this technique can be found in the figure of Luís da Silva, the demented narrator of *Angústia,* a backlander who has been driven to a depressing bureaucratic niche in the city, where his frustrations and resentments, concentrated into his hatred for the rich lawyer who has seduced his fiancée, lead him to act out the violent and intransigent *sertanejo* code of his obsessive memories.

A strong vein of pessimism pervades these novels, a trait which has given pause to some critics, especially those who feel that Ramos' Marxist convictions should enjoin more hopeful perspectives. Ramos himself admitted that his novels were largely conceived at times of ill health and difficult circumstances, when he was beset by 'ideias negras.' The murderous activities of the central characters in the first three novels—João Valério in *Caetés* indirectly but culpably, Paulo Honório in *São Bernardo* in the course of his ruthless pursuit of success, Luís da Silva from a sense of failure—are intended as an index of moral degeneration, made more apparent by their lack of remorse. It is characteristic of Ramos' irony that Fabiano, in *Vidas Sêcas,* definitively confirms his sense of inferiority when he cannot bring himself to kill the man who embodies the forces which deprive him of self-respect. Occasionally, however, the reader is afforded glimpses of the possibility of change for the better. A socialist slogan painted on a wall prompts even Luís da Silva to speculate about the future of working-class children. Again, at the close of *Vidas Sêcas,* there is a suggestion, ironically presented through Fabiano's sense of misgiving, that his children may be able to break the vicious circle of environmental determinism.

The north-east novelists' concern with social problems clearly reflects the prevalent sense of priorities in the period up to and including the Second World War. In the ensuing period, factors such as the healthy growth of the national economy, confidence in the stability of modern political institutions and the emergence of a larger urban middle-class readership encouraged writers to cultivate an individual point of view, to move away from sociological issues toward more specifically literary values. Such a change of emphasis is apparent in the development, as a novelist, of Jorge Amado (1912–). During the thirties and forties his work, both in regional setting and in neo-realist intention, established him as one of the leading figures of the north-east school. More recently, while continuing to draw on his native Bahia for their setting, his novels have been characterised by imaginative inventiveness, good-humoured irony and a display of artistic resourcefulness, with a concomitant trend away from sociopolitical didacticism.

Amado's novel *Seara Vermelha* (1946) stands as the most comprehensive treatment, if not the most successful, of the major themes of the *sertão*: poverty and insecurity of livelihood, drought, mass migration, banditry and religious fanaticism. These problems are placed carefully, perhaps oversystematically, in the context of the social and political development of the country as a whole in the years between the wars. Further, Amado has incorporated two specific areas into the north-east canon: the coastal cacao industry and the urban world of Salvador. The boom in cacao production in the first quarter of the century created conditions where fortunes could be made in a few years, and frequently were by resort to ruthless methods —land speculation, large-scale administrative corruption, exploitation of a labour force recruited from the interior and organised violence against competitors. As well as the early, rather ingenuous *Cacau* (1933), Amado's *Terras do Sem Fim* (1942) and *São Jorge dos Ilhéus* (1944) deal with the conflicts both between workers and employees and between rival landowning families during the era of expansion. *Gabriela, Cravo e Canela* (1958), a novel with fewer political pretensions, is carefully set, nevertheless, in the calmer Ilhéus of the twenties, when the old lawless violence had begun to give way to respect for more civilised procedures. Amado's interest in the city of Salvador is chiefly directed toward the poorer inhabitants—workers, fishermen, sailors and those on the margins of society. While such a subject certainly provides material to illustrate his political beliefs, it is clear that the popular ethnocultural features of the city have a deep fascination for him. The strong African component of Bahian culture, rejected by the hero of *O País do Carnaval* (1932) is reaffirmed in *Jubiabá* (1935) and *Mar Morto* (1936), to become thereafter a consistent and important theme in Amado's work.

Amado has often been accused of imposing the programmes of socialist realism on his novels in too intrusive a manner. The trilogy *Os Subterrâneos da Liberdade* (1954), a chronicle of the fortunes of the Brazilian Communist Party during the Vargas regime, epitomises the strengths and weaknesses of his handling of the political novel. The interest and coherence of the narrative is sustained over a diverse range of settings and events, and the author's ability to generate a high pitch of emotional intensity is often demonstrated. On the other hand, both character and dialogue tend to be stereotyped on class lines, or even more narrowly factional ones, as in the crude distinction drawn between honest, good-hearted party intellectuals and their glib, inevitably treacherous Trotskyist counterparts. In assessing the extent of Amado's shift away from programmatic political emphasis in recent years, it is instructive to compare the monogamous virtuousness of working-class women in *Os Subterrâneos da Liberdade* with the instinctive, amoral sensuality of Gabriela; or to contrast the heroic treatment of proletarian militancy in the trilogy with the episode in *Tereza Batista, Cansada da Guerra* (1972) where the statue of Castro Alves, romantic poet and abolitionist orator, mysteriously comes to life in order to solidarise with striking prostitutes.

It would not be altogether justified, however, to conclude that the strong vein of humour and fantasy and the marked tendency to effabulation in Amado's recent work corresponds to a simple loss of interest in social problems. Issues such as political corruption, class prejudice and social deprivation continue to be raised in his novels, but are no longer isolated from the complexity of life in general. Rather than in specific political solutions, Amado seems to place his faith in the inexhaustible human capacity to resist physical and mental tribulations and strive tenaciously for something better. There is an underlying affirmation of life—love, joy, freedom—against the forces that seek to deny it. On one hand, a number of characters embody a form of amoral vitalism, allowing uninhibited expression to both their emotions and their appetites. On another, there are frequent incidences of resurrection or other forms of victory over death, such as Tereza Batista's ('A Noite em que Tereza Batista dormiu com a Morte'); the fact that the treatment of this theme is often highly comical, as is the case with the funeral of Quincas Berro D'água in *Os Velhos Marinheiros* (1966) or the return of Vadinho in *Dona Flor e seus Dois Maridos* (1966) does not detract from the validity of the symbolism. The 'miraculous' nature of such episodes is part of a more general tendency to confuse fantasy and reality. This trait comes to the fore where carnavalesque or Afro-Christian religious cult elements are involved, but is also part of a wider interest in the powers and susceptibilities of the human mind and the complexities of motivation and behaviour. The language of the later novels is rich, colourful and allusive, and is handled with a charm that more than compensates for a touch of self-indulgence. The author is very much in control of his material, created fiction rather than documentary record, for all that Amado waggishly includes some real people among the galaxy of minor figures.

The tendency, noted in Jorge Amado, to abandon the neo-realist approach in favour of a more imaginative manner is widespread among Brazilian writers after the Second World War. An interesting example is that of Erico Veríssimo (1905–   ), a novelist of considerable talent, whose reputation among critics has matched his popularity only in more recent times. During the thirties and forties, the heyday of the 'sociological' novel, Veríssimo analysed, with considerable sophistication, the emotional problems of middle-class urbanites. Subsequently, he turned to the social and political history of his own region, Rio Grande do Sul, in the cycle *O Tempo e o Vento* (1949–62). More recently, novels such as *Incidente em Antares* (1971) emphasise his command of up-to-date narrative techniques and anti-realist modes. Another writer who well demonstrates the extent to which Brazilian writers have assimilated contemporary trends in fiction is the Ukrainian-born Clarice Lispector (1917–   ), who evokes the interior world of her characters through a skilful presentation of perceptual details. A number of younger Brazilian writers demonstrate an easy familiarity with American and European experimental methods and an ability to forge their own, individual, expression. It is a little ironic, therefore, that the writer whose expressive innovations are most radical should take as his starting point the well-worn regionalist tradition.

João Guimarães Rosa (1908–67) was born, in point of fact, a little before writers such as Amado or Rachel de Queiroz, but both the general characteristics of his work and the chronology of its appearance situate it clearly in the post-Modernist (i.e., post 1945) era. Although he was conscious of his literary talents at an early stage, Rosa's energies were directed, for many years, to the furtherance of his professional career, first as a doctor, subsequently as a diplomat. The single, unique, novel and relatively small number of *novelas* and short stories which make up his work have not only established him as a modern classic, but have also dramatically pushed back the frontiers of literary expression in the Portuguese language.

The regional setting of Rosa's fiction is the interior of Minas

INTRODUCTION

Gerais, a *sertão* country not altogether dissimilar to the regions further to the north depicted in such novels as Amado's *Seara Vermelha*. Although features such as backwardness, poverty and violence do not receive attention for their own sake and are subordinated to wider thematic and stylistic intentions, they are by no means glossed over; in fact, the prevalence of bands of outlaws, a phenomenon extensively analysed by Lins do Rego, Amado and Rachel de Queiroz, forms the basis of Rosa's novel *Grande Sertão: Veredas* (1956). His treatment of the theme, however, is rather different from that of the north-east school. The term *jagunço*, while associated with violence and even cruelty, acquires heroic connotations. Riobaldo, the narrator of the novel, is continually preoccupied by the ethical aspects of his life as a *jagunço*, and is highly disconcerted when an old man addresses him as 'Chefão cangaceiro.' The outlaws are presented as members of a warrior caste rather than the products of oppressive economic and social conditions, and their battles with the military and with rival bands have chivalresque overtones. Rosa's deep knowledge of and affection for his *sertão* and its inhabitants, their speech and way of life, their superstitions and folklore, enable him to recreate the region as a special fictional world rather than simply as an objectively observed background.

Rosa's audacious use of language also has a regional starting point. The disparity between spoken speech and literary language has often caused problems for modern Brazilian writers, especially regionalists, and particularly where the relationship between dialogue and narrative is concerned. In a novel such as *Vidas Sêcas* Graciliano Ramos adopts the somewhat negative, if successful, solution of reducing expressive recourses to an apparently primitive plane. Rosa, on the other hand, boldly aims at an inventive synthesis. Both in vocabulary and idiom his language has a distinctly rural flavour. But if we regard rural speech, with its ungrammaticality, archaisms, proverbs and general primitivism, as a form of liberation from the 'rules' of standard educated discourse, we can appreciate that Rosa, in an analogous way, sets out to free many of the structures and forms of the language from the restrictions of normal usage. The intensification of language which results has much in common with poetry, and many prosodic and figurative devices of the sort normally associated with poetic expression consistently appear in his writing. The regional basis of this highly artistic style ensures that the effect is never merely decorative, but is rather one of a coherent view of the world, that of characters integrated with their environment. Rosa's delight in words for their own sake is matched by his encyclopaedic familiarity with local names for the flora and fauna of the *sertão*—in the dramatised story *Cara-de-Bronze* he concludes an apparently exhaustive list with the comment: 'Falta muito. Falta quase tudo.' It is undeniable that Rosa's language makes demands on the reader. At the same time it is clear that his aim is to restore the magical power of words—even those which have become stale through familiarity—to name reality and to invent it.

Rosa's narrative techniques, while not so startlingly original as his expression, nevertheless merit attention. His manipulation of narrative perspective, for instance, is extremely subtle. Not only is the reader given a deep insight into the psychological processes of the character in focus, but the character's mode of perception, especially in the case of children or 'abnormal' types, is used to convey a sense of the ambiguous or enigmatic nature of reality. This effect is reinforced by an adroit interweaving of different temporal perspectives and subtle variations in the author–character–reader relationship (the complex function of Riobaldo's *confidant* is a good case in point). Rosa tends to avoid narrative structures which derive from traditional notions of cause and effect; often a train of events is set in motion, or tension is built up, only to be dissipated by an apparently inconsequential or anti-climactic resolution. This effect is more pronounced in the later *estórias* (a term which denotes a non-realist, subjectively anecdotal type of narration), but is often found in earlier stories and *novelas*. *Grande Sertão: Veredas,* with its movement from climax to climax, building up to an extended chase and final, clinching revelation, represents something of an exception, doubtless because the allegorical and symbolic content of the novel requires a more traditional narrative construction.

The thematic content of Rosa's work is difficult to define, as such, not only because as much is conveyed on the level of stylistic forms as by more direct means, but also because his concern is with matters which border on the ineffable. His preoccupations are broadly existential, with the enigma of human existence and its associated ethical problems. Established views of life are constantly called into question, perceptual data acquire ambivalent configurations. His narratives often centre on moments of intuitive perception, recognitions of what is paradoxical or inexplicable, but deeply true or morally right. Life is full of mysteries and correspondences; external reality has an exemplary quality, a hidden meaning, which often manifests itself as magical or supernatural, the phenomenological counterpart of the irrational, intuitive faculties of the human mind. The full significance of Rosa's creative use of language becomes apparent here. In the last resort he is one of those rare writers in whom vision and expression are inseparable.

Reference Works

The following works provide useful background information and critical assessments for the study of twentieth-century prose fiction in the countries concerned:

Dicionário das Literaturas Portuguesa, Galega e Brasileira. Dir. de Jacinto do Prado Coelho. Porto, 1960.

ÓSCAR LOPES: *A Literatura Portuguesa*, II. (*História Ilustrada das Grandes Literaturas.*) Lisbon, 1973.

JOÃO GASPAR SIMÕES: *História do Movimento da 'Presença'.* Coimbra, 1958.

AMÂNDIO CÉSAR: *Parágrafos da Literatura Ultramarina.* Lisbon, 1967.

GERALD M. MOSER: *Essays in Portuguese-African Literature.* Pennsylvania, 1969.

WILSON MARTINS: *O Modernismo. (A Literatura Brasileira,* VI.) 3a ed. São Paulo, 1969.

LUCIANA STEGAGNO PICCHIO: *La Letteratura Brasiliana.* Milan, 1972.

FRED P. ELLISON: *Brazil's New Novel. Four Northeastern Masters.* Berkeley, 1954.

Aquilino Ribeiro

Aquilino Ribeiro was born in Carregal de Tabosa in 1885. One of the few professional writers of his time, his prose fiction alone runs to almost thirty titles. His strongly held political convictions twice obliged him to live for a period in exile. He died in 1963.

The passage from O Malhadinhas *included here is taken not from the original version, which appeared in 1922 as part of* Estrada de Santiago *but from the revised version of 1958. Given the marked stylisation of Aquilino's prose, it is fair to say that the second version tends to shift the emphasis away from verbal richness toward a clearer presentation of character and motive.*

O Rapto de Brízida

Aquela noite, tinha-se acabado de cear, botei o aparelho ao macho com cilha dobrada para maior segurança. E, depois de meter o bacamarte e a merenda nos alforges, fui prendê-lo com nó singelo, bom de desatar, à boqueira da quintã de meu tio Agostinho, tal o viageiro pacato que deixa ali a besta e vai dar o seu recado, se é que não entrou na taverna a beber meio. O muro era baixo e quedei-me, cotovelos por cima da albarda, a espiar a casa e a vizinhança, enquanto não sossegava Barrelas e as ruas não ficavam apenas para os gatos e as almas do outro mundo. Estava o ar fresco e, na hora pasmada que começara a correr, uns tamancos ao largo a descer o patim para os cortelhos,* o vagido dum menino de mama, prato a tinir contra prato, eram como pedras que caíam num poço e lá ficavam no fundo. Aqui e além, na oficina do Bártolo sapateiro, no sótão do Albino alfaiate, a luz da candeia riscava as portas gretadas e enchia com chumaço amarelo os rombos das almofadas carcomidas.* Entretanto que serenava, tanto ia olhando umas coisas e outras, como me entretinha a deitar palpites sobre o êxito da empresa, nanja a perguntar aos meus botões se fazia bem, se fazia mal.* Estava decidido e mais que decidido, e nada deste mundo me desviaria do propósito, nem o anjo Gabriel de espada ao alto ou um santo com as melhores razões do céu. Pudera, eu a chegar do vale de Arouca, no estado de espírito que os amigos

calculam, e a Maria Mulata a dizer-me:—António, se não andas a horas, a pássara bate as asas,* sem dizer por aqui me vou!
Tudo se sabe neste mundo, e eu soube por ela o que não gostava, mas bem precisava de não ignorar. Soube que a Brízida, naquela tarde em que a ameacei, correu a deitar tudo no regaço da Claudina Bisagra, que trazia arrendada ao Ramos a loja térrea ali ao pé, onde tinha dois cabos de cebolas e o monte das batatas e, mais que tudo, utilizava para fazer os favores a quem ela queria. E soube que a zarga,* longe de pô-la da minha banda—aquilo o padre tinha-a convidado—matou-lhe mas foi o bicho do ouvido com histórias do meu mau génio,* que algum dia esfaqueava um homem e me mandavam para o degredo, e o meu ofício não era de molde a erguer casa com soalho. Ao mesmo tempo, ia-a adoçando à ideia, que sempre lhe causara engulhos,* de ser ama de padre.

E, rebatendo-a assim por um lado, enfatuava-a por outro com celebrar-lhe as virtudes do masmarro,* homem de chaço* que seria capaz de fazer dela fidalga, com boas chinelinhas nos pés, papo branco,* e filhos no tarde ordenados ou doutores.

—Olha-me para o Dr. Laurindo, que até vai à caça com el-rei! Não é filho do padre Bezerra e duma criada que levou das Arnas?! Hábeis e danados para a vida não há como filhos de padre...

—Meu primo era capaz de me esfolar—dissera ainda a Brízida.

—Esfolar, esfola ele as cabras para lhes safar os odres. O abade de Britiande também tem unhas.

—Qual o quê, o António é uma fera...

—Apanhes-te tu em Britiande e que vá lá arrancar-te com quanta bófia tem...*

Assim mesmo, a grandessíssima madragoa! A Maria Mulata, que tinha casa costas com costas e nunca mais perdoou à Claudina ter-lhe relaxado o marido, contara-me isto e forçoso me era acreditar, que nunca foi mulher de despiques nem de falsos testemunhos. Por isso, toca, António, a tomar as tuas disposições. Quais elas fossem, depois de muito malucar, vão Vossorias saber...

Por cima da albarda do machinho observei, tornei a observar, o tempo foi passando, e, quando me pareceu tudo em santa paz, meti à quintã do meu tio. O mato abafava-me os passos, e chamei Brízida. A moça, ainda que há um certo tempo se mostrasse esquivadota, veio logo ter comigo e sem dar o menor sinal de desconfiança. Estou a vê-la, rosto branco que alumiava no escuro,

O Rapto de Brízida

lenço à volta do pescoço caído para as costas sobre o xaile, roca espetada na cinta—como se erguera de seroar,* sentada no banquinho, pés virados para a fogueira.

—Que há, primo?
—Chega aqui—segredei, passando-lhe a manápula.—Anda comigo...
—Aonde?
—Aonde, eu to direi. Põe a roca!
—Quero saber primeiro...
—Mau!
—Quero saber...

Sentia-a estrebuchar, com ganas de semear alarme, e rapei da faca:
—Vês esta folha? Tem-se farto de matar cabras. Não queiras tu espetar-te nela, depois espetar-me eu!

Acomodou-se, que ela sabia a rês que eu era,* e sem tugir nem mugir,* com pequena resistência, se foi deixando arrastar rente ao muro. Lá na rua, sentindo que passavam uns homens com tabuleiros para o forno, ainda gemeu a manhosa:
—Ó primo, para onde me queres levar?
—Chiu, nem pio! Uma pedra só que acorde e temos o caldo entornado.

À ilharga, mais mansa e mais humilde, nem a minha sombra. Chegámos junto do macho, travei dela, amarfanhei-a sobre o albardão, e de um salto pus-me à garupa. Tudo isto fi-lo em menos tempo do que se gasta a dizer. Ia jurar que minha prima só deu bem acordo do meu intento quando a tracei pela cinta e o animal picado arrancou. Então, sim, pôs-se a esbravejar e a ganir. Vieram cabeças aos janelos, mas já nem Deus nem Demo lhe acudiam. Barrelas fora, trupe, trupe, podiam largar-me à perna a cavalaria de Chaves,* que não me pilhava.

Fora do povo pareceu-me a noite ainda mais negra, o céu mal esclarecido pelos fogachos da Estrada de Santiago* e por um minguante estreito e mais vermelho que foice enferrujada. Poucos metros se viam adiante do nariz, mas o mulinho era forçudo, valente dos cascos, e conhecia o trilho melhor que eu às minhas mãos. Os rumores que se tinham alevantado pela vila esmoreceram à distância, calaram de todo, e eu ia na boa paz do Senhor, com lume sim, mas mais pimpão do que se não houvesse gente, lobos e medos por esse mundo além,* e uma rapariga na turquês* dos meus braços. O escuro, que era o principal, lá o ia cortando o peito do macho, ora ladeando, ora direito, sem tropeçar. Além de teso, por mais de oito dias lhe dei ração de cevada e a folga toda. A moça, ao cabo dum certo tempo, convencida de que nada ganhava em zarelhar, deixava-se conduzir sem resistência, o tronco caído para a frente sobre a argola dos meus pulsos, assim como o girassol à noitinha. Às vezes lá lhe trepava um soluço do fundo da arca* e, por isso só, eu jurava que vivia.

Eu, boca calada. Falar-lhe, para quê? O gavião não diz à perdigota: 'Deixa-te ir que vais bem.' Leva-a tolhida, céus fora, até o recato dos montes. A rédea arrepanhada para a palma da mão, a alma a cantar uma aleluia mais alta que a dos padres no sábado da Ressurreição com o folar à entrada da barra,* lá íamos. Piavam para os outeiros as corujas excomungadas: deixa piar! As ferraduras do machinho feriam lume nas fragas escorregadias: tem-te nas gâmbias,* que mais melindrosa nem uma carga de ovos!

Dobra que dobra, depois trota que trota, breve passámos a aldeia do Touro, entanguida de sono, com a igreja branca do caio a fraldejar,* e o rio por ali abaixo, roçando as pedras, abocanhando as rincolheiras que são a madre das trutas,* chocalhando umas águas mais tagarelas que mulheres à boca do forno.

Saltaram-me os cães ao caminho, béu, béu, só me largando para lá das hortas. Depois, a subir a serra, só ouvia o choutar da besta; atrás, em volta, a todo o redondo na boca de cuba, que assim me lembrava a terra, parece que o ermo e a noite se fechavam sobre nós para nos engolir. Lá no alto, figurou-se-me que estava a cair orvalhada; eram as lágrimas de Brízida a esbagoar-se-me para as mãos.*

'Ora adeus!', trauteei com os meus botões. 'Choras, deixa-te chorar! Antes tu chores ao toledo do que eu ficar a tocar berimbau, logrado na minha boa fé.'*

No topo dos montes que olham Touro e Carvalhas —Adomingueiros lhe chamam—e onde há cortes de gado para os pastos de verão, pus pé em terra.

—Segura a rédea—roguei para minha prima.

Charriscando palitos sobre palitos, às apalpadelas, lá topei o cardenho* onde era costume acoitar-me quando os temporais me colhiam à volta de Lamego.

O Rapto de Brízida

—Abaixo, Brízida—vim a dizer-lhe.—Vamos aqui pernoitar. A noite está escura como breu e caminhos mais estuporados não os trilhou Cristo quando veio a este mundo para salvar os pecadores. Amanhã, com a alba, rompemos.

Entrámos para a cortinha* bem lastrada de mato, com um alpendre de giestas a agasalhá-la do cieiro.* Entrámos é um modo de dizer, que foi-me preciso dar-lhe um bom empurrão. Acomodei o machito ao fundo; com a roupa do aparelho armei a cama. E ali, sem mais testemunhas que Deus do céu, depois de breve briga—tinha de ser—da coitanaxa fiz dona.*

Mal luziu a telha,* nós, que não tínhamos pregado olho, largámos das mantas.

'Porque eu era um malvado! Porque a bem nunca o seu corpo havia de ser meu, quanto mais minha mulher! Antes moça de porta aberta!'—e, porque torna, porque deixa, ali me atirou com quantos diabos e maldades lhe vieram à cabeça. Não chorava. As palavras que proferia parece que feriam lume. Só depois, quando a baldeei de novo para cima do albardão e que, deitando olhos, só viu ermo, giestal e mato a boiar no negrume, desatou—vejam o disparate—a carpir-se e a rogar-me que a matasse.

—Prima—disse-lhe eu em boas maneiras, que meia partida estava ganha—à face do Senhor que nos vê, amanhecemos casados; uma cruz sobre nós e duas lengalengas de latim é quanto falta; vamos por elas à Penajóia que não é lá para que se diga no cabo do mundo. Está lá o cara-unhaca dum padre* que prefere ir de catrâmbias para o inferno a deixar de fazer-me a vontade.

Cavalgámos novamente. Já cantava a cotovia, embora se não visse a torre que vai erguendo quando sobe ao céu. Às duas bandas a serra começava a dilatar-se e a branquear, com o negro todo a escorrer para os corgos* e a sumir-se pelos matagais. E, com o clarear, o mato tingia-se, vermelho, amarelo, roxo, consoante, que chegara a Primavera. O caminho não tinha que o estudar, assinalado pelas rodeiras, sempre deserto, sempre adiante de nós direito à casa de Deus e à Penajóia. E eu tão ufano ia da sorte que até aos penedos redondos, que nos iam ficando à desbanda e me pareciam às vezes ladrões acocorados, depois de os reconhecer, eu sentia ganas de salvar.* Ela, não, mantinha-se na muda languidez, mal gemendo, mal chorincando, olhos fechados ao abril,* ouvidos surdos aos pássaros que, de púlpito nos ramos das urgueiras, erguiam suas ladainhas. Eh, cantavam pelas pássaras, mas não tão alto como no meu peito se cantava, feliz felizardo que pilhara o amor no laço.

—Porque fungas, menina?—perguntei ao cabo de muita paciência.

—Choro o meu triste fado.

—Que fado?! Não estava escrito e com a tua letra?

—Nunca te julguei tão desumano...

—Outros o são mais do que eu.

—Quem? Nem os matadores dos caminhos... Porque me não arrancas a vida?... Arranca-ma, que te perdoo! Olha, atira-me do aparelho abaixo para cima duma rocha e acabou-se. Não te gozaste já de mim? Atira-me, e perdoo-te a morte e o mal que me fizeste! Atira!

E, agora dizes tu, logo digo eu, a rapariguinha foi-se adiantando no palavreado, até que tive de lhe mandar calar a sanfona com mau modo. Ao descer para Mondim, encontrámo-nos com a Ana Malaia oveira, que vinha da cidade.

—És tu?—exclamou ela.—Volta para trás, António, que caminhas à perdição. Teu tio Agostinho já lá vai estrada fora mais os capangas* dos Maçãzeiros, armados até os dentes. Vão-te no encalço...

—Essa é boa! Quem diria a meu tio que cortámos desta banda?

—Deram conta e meteram para aqui ao palpite. Sabem que és um amigalhaço do padre da Penajóia e fazem-te nesse rumo.

—E não se enganam.

—Já vês que aventaram a ariosca.*

—Mas meu tio andava lá para a Bezelga...

—Tu a saíres e ele a entrar. Escapaste por um cabelo. Agora, se te pilha, esfola-te vivo. Pois roubas-lhe a moça, a ele, teu segundo pai? Bem diz o outro: cria o corvo, tirar-te-á o olho. Carrasco, não podes ser ajudado de Deus!

—Onde se cruzou com eles, santinha?

—No Castanheiro do Oiro. Olha, sabes que mais, a Brízida que torne comigo e tudo pode ficar em águas de bacalhau.*

—Qual, para a frente é que é Almeida...* Saúdinha!

—O anjo da guarda te acompanhe... Eu cá não adiantava mais um passo!

Estas palavras não eram ditas, cheguei espora ao machinho: quem tem medo compra um cão.* Lá adiante, voltei a cabeça para trás. A Malaia oveira lá estava, estática no meio do caminho, de

O Rapto de Brízida

bochechas aparvoadas,* a ver-me tropicar. Era uma pobre de Cristo, em nada e por nada má mulher, que, segundo depois constou, morreu santa. Morreria. Do que morreu à certa foi de fome, quando já não podia trabalhar. Pelo repouso da sua alma: padre nosso que estais no céu.

À ponte de Dalvares havia dois caminhos: um directo, estrada fora, pelo Castanheiro do Oiro; outro pela Ucanha e Gouviães, ambos com passagem por Lamego. Este oferecia a vantagem de desviar-se de Britiande onde o tio Agostinho, não me encontrando rasto poderia ter feito alta e reunir a si o abade maila tropa fandanga.* Mas perdia umas boas horas e com a moça que era gorducha e eu que não era estopa,* talvez o machito não aguentasse o estirão até a Penajóia. Boa rota deixara ao sair de Barrelas—Pendilhe, Meijinhos, Penude, serra, sempre serra—mas quê, não tocava em nenhum Adomingueiros!*

Obra de cem passos da ponte da Dalvares levei na incerteza: rompo à frente, tomo à mão esquerda? Chegado à primeira guarda, ora, animei-me e meti afoito pela estrada, como se comigo não carregasse contrabando de tal vulto. O que fosse soaria,* a cachopa já era mais minha do que doutrem e, quanto a morrer, a gente só morre quando chega a data assente no livro de Deus.

Pela estrada fora, toca que toca, alcançámos e deixámos à retaguarda mulheres que carregavam à cabeça a canastrinha do negócio; burros tropiqueiros, ajoujados de carqueja para a cidade; viandantes, de saquitel ao ombro, passo largo, na sua rotina com Deus ou o Diabo; reses para o talho, arrebanhadas a granel de aldeia em aldeia, com as cabras a barregar pelo pegulhal, um moço à frente a chamar, atrás o marchante, de pau e manta, a tanger, e tão embrulhados na nuvem de poeira que mal se viam. Cavaleiros todos farófias,* que não davam a salvação, rompiam por nós e desapareciam num rufo. Eu, ainda que martelado de cismares, a todos tirava o chapéu, e também a capelinhas, nichos de almas e cruzes de homem morto, que sarapintam o caminho, como passageiro que vai em paz e dia bom. O Sol subiu no céu, doirou a natureza, mordeu-nos a pele, e com a algazarra da Primavera e o banzé do mundo não puderam ir molhados por mais tempo os olhos da lagoa.* Embezerrada sim,* pouco caso fazendo à promessa de lhe comprar na cidade um bom xaile de lã mais um par de ciganas* de oiro.

Obra de meia manhã apeámos numa tasca e puxámos do farnel para almoçar. A estalajadeira pôs-se a olhar muito fita para nós a pontos que eu lhe disse:

—Parece que nunca viu gente!

Ela, sorrindo, replicou:

—Passaram aí uns homens a cavalo e estiveram a tirar informações dum sujeito e duma rapariga que pelos sinais são vossemecês.

—Já lá vão há muito?

—Estaria a nascer o Sol. Já botaram a Lamego se era esse o destino...*

Contou como eram e não eram: um meio velhote, alto e grosso, olhos azuis, guedelha espessa que nem a murça dum cónego, e dois moços, duas vergastas tesas, com ares de poucos amigos. Estava tirado o retrato de meu tio Agostinho e dos dois mequetrefes dos Maçãzeiros.

—Pois se eles iam em busca de nós, estão com sorte que nos encontram.

—Lá se avenham...*

Dali a Britiande era um salto; cavalo bem disparado cobria a distância num quarto de hora. Fui-me afrouxando o passo para que o animal pudesse deitar o fôlego todo se lho pedisse, e desta feita confesso—que o receio não é cobardia—confesso que me encomendei a todos os santos e santas da minha devoção, em especial ao milagroso Padre Santo António, que tem o mesmo nome que eu, é padroeiro de namorados, e quando quer fazer um milagre não pergunta quem tem razão. Não me esqueci de me encomendar também aos Santos Mártires de Marrocos que lhe levam a perna numa dificuldade.* Muitas vezes ouvi dizer a minha mãe: roga ao santo até passar o barranco. E medo para trás das costas. Toque, toque, Britiande lá avultava, apertada às bandas da estrada, com casas caiadas, casas antigas de pedra bruta, mulheres a catar-se* às portas, e meninos nus pelos patins a esganiçar-se pelas mães. Estava tudo em sossego; pelos vistos não era ali que eu quebrava osso. Já dava graças a Deus quando, ao desandar da última esquina, uma porta se abriu e meu tio Agostinho, os Maçãzeiros, o padre e uma choldra sem conta* me saltaram à frente. Deitei a mão ao bacamarte, de cara para a patuleia que estarreceu com o meu rompante:

—Olá, amigos, que é isso?

O Rapto de Brízida

Aquilo lá se lhes afigurou que eu ou havia de segurar a moça ou combater, ou que recobrassem ânimo, facto é que cresceram para mim depois de terem hesitado. Entestei o bacamarte ao peito do mais adiantado, que por sinal era o meu tio:

—Tenha-se, senão morre!
—Hás-de pagá-las, cão!
—Tenha-se, tenha-se, senão morre!

Já eu tinha o dedo no gatilho quando o homem estacou. Estacou, e acobardado com o meu rasgo,* vendo os púrrios* mais irresolutos que ele, pôs-se a gaguejar a distância:

—Pula abaixo, Brízida! Pula abaixo!...

A maluquinha ia a mexer-se... Não custou muito tê-la queda, pouco menos queda do que se jazesse entre as mãos da Ana Malaia que era quem amortalhava os defuntos:

—Ó Brízida, tu pulas abaixo, mas és a primeira a cair. Se não tens amor à vida, faz lá! Agora vossemecês deixem seguir quem vai seu caminho... que eu morrer morrerei, mas a trouxa não a largo...

—Isso é que larga!—rosnou o abade.

—Assim eu largue a luz dos olhos! Para mais, o senhor chega ao destempo. Quer saber?... Quer saber? Ovelha que tinha de ser do lobo foi do lobo. Quem aqui vai não é nenhuma donzela... não senhor, que eu não sou parvo. Quem aqui vai é a mulher que Deus escriturou no seu livro para ser minha e que já o é. Se Vossa Reverendíssima nos quisesse abençoar...?

Quando estas falas ouviu, o padre rompeu para mim, mais branco que a neve antes de derreter. Meti a arma à cara.

—Mata, ladrão!—gritou-me.

—Não mato, mas ponha-se de largo!... De largo!!

O abade não se intimidou e se não é o macho, chuçado no ilhal por um dos Maçãzeiros, curvetear à altura precisa em que eu ia disparar, matava-o. Desencostámo-nos deste jeito um do outro, mas a grande sorte foi ele não vir armado, porque lá lhe pareceu mal, quando não havia chacina.* Em menos dum amém ateou-se ali grande alvoroço. Acudia gente de todas as casas. Brízida carpia-se como uma madalena; meu tio Agostinho, depois que lhe dei a cheirar a realidade, abraçou-se ao poste dos fios a chorar; em roda o povoléu botava alarido.

—Eh lá, gentes!—gritei, meio matreiro, meio desatinado, para a quadrilha que me tolhia o passo, apontando-me paus e espin-

gardas.—Se alguém se atravessa, está aqui está no inferno!...
Cravei a espora... O Roque Maçãzeiro ergueu mão para as rédeas... Fiz fogo, e o machinho pinchou. Lá adiante torci a cabeça: levantavam o homem do chão... corriam atrás de mim e mandavam-me salvas de tiros. Por entre matas e granjearias, eh macho! eh macho! ao galope fulo que levava, mal me roçavam pela vista silvedos, paredais e cabeças de olhos assarapantados. E escapei.

O abade da Penajóia despachou-nos para um casalório que tinha no Douro, onde ficámos a resguardo.

Quando o Maçãzeiro enrijou da zagalotada* e meu tio Agostinho reconheceu que não havia outro remédio, casámos. O homem de Deus, à volta da igreja, prantou-me uma bolsa de libras nos joelhos, dizendo:

—Aqui tens, rapaz. E agora, juìzinho!

Paz à sua alma. Não era má pessoa, nem pasmado nenhum. Se não é a amiga que arranjou já com os dias quase cheios, teria deixado os seus dois vinténs.

(from *O Malhadinhas*, revised version, 1958)

Ferreira de Castro

The son of a poor farmer, José Maria Ferreira de Castro was born in 1898 near Oliveira de Azeméis. He left for Brazil at the age of twelve and worked for several years in the rubber plantations of the Amazonian forests. He returned to Portugal in 1919 to take up journalism and to write over a dozen novels before his death in 1974.

Both the passages presented here are from A Selva, *one of two novels based on the author's Brazilian experiences. The first passage may serve to give some idea of the tensions which reach a climax in the final pages of the novel, which are also included.*

Tiro ao Alvo

De rifle sob o braço e exalando forte cheiro a álcool, Juca Tristão passou junto de Alberto e foi encostar-se a uma das palmeiras. Ali, levou a arma à cara e pôs-se a disparar, em exercício de pontaria, sobre os jacarés que andavam no rio. Era a sua distracção vespertina. Binda punha-se ao lado dele, às vezes o gerente também aparecia e os tiros ecoavam na outra margem. Se as balas lhe atingiam o lombo, o crocodilo prosseguia o seu caminho ou, mais matreiro, ia procurar no fundo abrigo seguro. Se, porém, lhe alcançavam a cabeça, erguia-se num trágico espadanar* de dragão, a cauda dando golpes desesperados, as patas, sùbitamente descobertas, crispando-se como garras e todo o corpo em contorções de monstro pré-histórico. Por fim, submergia, deixando à superfície uma ilha de sangue. Horas depois, vinha de novo à flor da água, mas já de ventre para o ar, hirtas as patas, inerte a cauda e para sempre entregue à correnteza—sua vida e cemitério.

Nos dias, porém, de maior libação de 'cognac', Juca não se dava por contente com alvo tão grande e tão fácil.

—Ó Estica! Ó Estica!*

O negro Tiago, que fora escravo e, agora, era quase inútil, só a ele consentia que o tratasse pela alcunha julgada ultrajante. A sua perna coxa, origem do apodo, parecia-lhe desgraça demasiado grande para que os outros ainda se rissem dela. Muitos seringueiros* traziam cicatrizes de golpes de terçado* que ele lhes dera, em arremetida desafrontadora. Se estavam longe, a sua boca de sapo, já desdentada e mascando, constantemente, fibras de tabaco, vomitava, com a saliva negra, todas as obscenidades conhecidas, levando o gerente a pedir, em nome dos ouvidos da mulher, que, nesse dia, não se lhe desse cachaça. Era o maior castigo e tormento que lhe podiam infligir. Só o álcool acendia ainda aquela vida sugada por todas as vicissitudes, aquele corpo alto, escanzelado* e coxo de duende negro.

Vivia isolado numa velha barraca, por onde entrava a chuva, o sol e a luz e se, por processos que só ele conhecia, obtinha mais cachaça além da ração estabelecida, embriagava-se e passava a noite em interminável berraria. Rememorava todos quantos, nos últimos dias, o haviam tratado pela alcunha e insultava-os em altos gritos, com uma energia e pertinácia que dir-se-iam já impossíveis na sua idade. A selva acolhia com espanto aquela voz e ia-a repercutindo de desvão a desvão,* estarrecendo a noite. Ninguém podia dormir, porque, quando se julgava, por súbito silêncio, adormecido o ébrio, os gritos voltavam de novo e cada vez mais intempestivamente. Nessas horas negras de tumulto, nem as próprias onças se aproximavam, por mais porcos que houvesse* na pocilga.

Às vezes, Tiago cantava. Eram sempre canções lentas, arrastadas, fatalistas, que enchiam a noite de melancolia, fazendo esquecer a voz pastosa do bêbedo. Eram canções de escravos, mais toada que palavras,* por ele aprendidas na infância e levadas para o Brasil no ventre dos negreiros.*

Ele também fora escravo em terra maranhense. Conhecera o chicote do feitor, o tronco,* os dias de trabalho sem fim e o corpo a escorrer sangue. Depois, já com a carta de alforria,* viera para ali, no tempo de Sisino Monteiro. O seringal devorara-lhe os últimos dias da mocidade e os anos de plenitude. Vivera a época em que os aventureiros deliravam na conquista fácil da riqueza. Ele próprio chegara a vender borracha a dez mil réis por quilo. Mas nunca obtivera saldo. A cachaça levava-lhe grande parte do tino e a sua ingenuidade de escravo redimido levava-lhe o resto. Nunca mais saíra dali. Quando Juca Tristão comprou o seringal já ele era um farrapo inútil e risível. Ao novo amo, porém, o negro agradara por se lhe confiar como uma criança, entregando-se a todos os seus caprichos. Era o único ser que, ali, podia comungar, largamente, na mórbida indolência da selva. Pela tarde, o seu

O Incêndio

corpo enorme coxeava ribanceira abaixo e ia, na montaria, cortar braçados de canarana nas margens do igarapé. Vinha, depois, picá-la cá em cima, na velha mangedoura* ao ar livre. Mas isso era apenas uma justificação. Se ele morresse, não teria substituto, a mangedoura apodreceria e os cavalos continuariam gordos, como se ninguém lhes faltasse no Mundo.

—Estica! Ó Estica!

Tiago não costumava responder às primeiras chamadas. Fingia que não ouvia.

—Estica! Ó Estica!

—Que é que você quer, patrão?

—Traze a laranja.

Então, o despojo humano, com gesto condescendente de quem se submete ao capricho infantil, pousou o terçado no rebordo da mangedoura e avançou ao encontro do amo.

—Aí!

Nunca se habituara, mas já conhecia o ritual. Deteve-se e pousou a laranja sobre a carapinha* branca, de estrada ao meio, aberta por uma bala que lhe levara o couro cabeludo, numa tarde em que Juca Tristão não fora feliz na pontaria. Assim parado, de pernas abertas, para diminuir a estatura, e de alvo na cabeça, era pim-pam-pum de feira,* exposto à irrisão do público.

Tinha um sorriso alvar sobre a negridão da boca sem dentes e os seus olhos muito brancos, todas as linhas do seu rosto, dir-se-iam pintados em pano que vestisse um fantoche de palha.

Juca Tristão juntou os dois calcanhares, meteu o rifle à cara e apontou... Só então Alberto compreendeu. Num impulso, levantou-se, disposto a intervir. Mas já era tarde. O tiro havia soado e a laranja desaparecido de sobre a carapinha branca. Juca Tristão baixava o rifle fumegante, em atitude de triunfo, e o negro tinha, agora, na sua cara de espantalho, a dúvida atroz de quem não sabe ao certo se está vivo ou se está morto...

O Incêndio

O incêndio recuava, finalmente, deixando grandes tições, fumegantes ainda, mas apagados, negros e escorrendo água. Era já pira única na ponta isolada e dali se via o tamarindo coberto de oiro e, lá mais adiante, a fímbria da selva, levemente tocada pela fulgurância.

Alberto e Elias desceram e vieram juntar-se ao guarda-livros.

—E seu* Juca?—perguntaram.

O senhor Guerreiro fez um gesto triste e resignado.

—Logo que me levantei, fui ver se o salvava. Tentei entrar com o Alexandrino e o João, deitando as portas abaixo com um machado. Não foi possivel. Queimámo-nos todos e nada conseguimos. É horrivel! Eu ainda julguei que ele saísse pelo lado do quintal. Mas não. Andei por lá e não o vi. O fogo parece que queimava petróleo. Não sei como se pôde dar uma coisa assim!

Calou-se. Calaram-se todos. Nenhum deles encontrava a palavra do momento. O guarda-livros reagiu, porém, sobre a situação. Vendo reunidos, junto do cajuzeiro,* os cinco seringueiros, em atitude humilde de quem espera destino, ordenou-lhes:

—Tragam um pouco mais de água. Encham esses barris, que ainda podem ser precisos. Depois comem.

Por detrás deles surgiu, pernejando* lentamente, o negro Tiago. Após o alarme, ninguém mais o vira, ninguém mais pensara nele. O clarão, batendo-lhe, de lado, no rosto seco e anguloso, tornava-o mais mefistofélico, velho bonzo que se animara,* caminhando desengonçadamente. Ao passar sob o beiral incólume onde Alexandrino, temendo vingança dos castigados, se sentara, fingindo seguir atentamente a morte do incêndio, Tiago levantou os olhos, contemplou-o um momento e avançou de novo. O que vinha à frente era sempre o seu bordão,* dando arrimo à perna coxa.

Dona Yáyá preparava-se para se retirar quando ele chegou ao grupo. Descobriu-se, entregando ao fulgor a carapinha encanecida, e disse, dirigindo-se ao guarda-livros:

—Branco: me mande para a cadeia de Humaitá. Fui eu que deitei fogo ao barracão* e fechei as portas para seu Juca não sair...

O assombro tornara mudas todas as outras bocas e a do negro deixara de mascar. As linhas da sua cara, chupada pelo tempo, tinham, agora, rigidez de escultura em madeira e os olhos brancos, de tão quedos, dir-se-iam artificiais e encastoados.* Havia zumbidos no cérebro de todos os presentes e na noite criara-se um vácuo enorme.

—Me mande para a cadeia, branco...

O Incêndio

Dona Yáyá, em novo desespero, levara as mãos à cabeça—e o senhor Guerreiro, sùbitamente electrizado, ergueu-se num arremesso e estendendo os braços para o negro, sacudiu-o com furor:

—Miserável!

A mulher prendeu-se logo a ele, gritando, tecendo a confusão, 'Deixa-o! Deixa-o! Meu Deus, acudam!', e Tiago, violentamente impelido, foi encontrar apoio no corpo de Elias.

Era outro, agora, o guarda-livros, com o rosto da cor das chamas esmorecentes e os lábios trémulos de cólera.

—E logo com o fogo! Com o fogo!—repetia sob a ira e a surpresa.

Mas Dona Yáyá não o largava, tomando-lhe a frente e apertando-o nos seus braços. Ele, porém, tentava desprender-se:

—Deixa-me! Seu Juca era tão amigo dele... Que coisa miserável!

Humilde na sua serenidade, o olhar baixo, indiferente à cólera que o circundava, Tiago murmurou:

—Eu também gostava muito do patrão. Ele me podia até matar que eu não fugia. Era mesmo amigo dele. Mas seu Juca se desviou... Estava a escravizar os seringueiros. Tronco e peixe-boi no lombo só nas senzalas.* E já não há escravatura...

Deteve-se. Os seus olhos erguiam-se, procuravam os de Guerreiro, adquiriam vida e choravam agora.

—Eu é que sei o que é ser escravo! Ainda tenho aqui, nas costas, o sinal do chicote do feitor, lá no Maranhão. Branco não sabe o que é liberdade como negro velho. Eu é que sei!

—Vamos embora—pedia Dona Yáyá.—Vamos embora!

—Estava bêbedo com certeza!—exclamou o guarda-livros.

—Não estava bêbedo, não estava, branco. Seu Juca era meu amigo; eu lhe queria muito e lhe choro a alma dele; mas não era amigo da liberdade.

Amortecido o assombro, João interferia:

—E então para matar seu Juca você lança fogo ao barracão? E se nós morrêssemos todos?

—O que ele precisava era que eu o mandasse também assar como a um porco!—exclamou Guerreiro.

—Deixa-o, homem! Deixa-o! Vamos embora!

Sem se voltar para o cozinheiro, Tiago explicou:

—Eu lhe fui prevenir, branco, de que a casa estava a arder. Fui prevenir a todos para que saíssem e tirassem os seus arranjos.* Só não disse àquele que está lá em cima...* Mas o maldito teve sorte. Ele devia morrer com seu Juca... Foi ele que bateu, de noite, nos cativos...

Dos cinco castigados, que haviam surpreendido, de passagem, a narração e se aproximaram a escutar, destacou-se, num impulso, Romualdo:

—Seu Tiago...

Sentindo comoção na voz intrusa, o negro quebrou a sua calma, bradando colèricamente:

—Me deixa, sua peste! Me deixa já! Não foi por ti nem pelos outros como tu que eu perdi a minha alma e vou para o inferno! Foi porque seu Juca te fez escravo e aos outros safados que te acompanham. Se estivesse no tronco, como tu, o feitor que me batia lá no Maranhão, eu também matava a seu Juca. Negro é livre! O homem é livre!

De novo humilde, dirigiu-se a Guerreiro:

—Me mande matar, se quiser, branco. Eu já sou muito velho e não preciso de viver mais...

O guarda-livros, num repelão,* ordenou:

—Tire esse bandido da minha frente, João! Tome conta dele.

E, nervosamente, agarrou o braço de Dona Yáyá, atravessando com ela o grupo, a caminho dos seus aposentos.

Devagar, Tiago seguiu rumo contrário, indo sentar-se no cimo do barranco, junto a uma das palmeiras. E aquietou-se no panorama nocturno.

(from *A Selva,* 1930)

José Régio

José Régio (José Maria dos Reis Pereira) was born in Vila do Conde in 1901. He studied Romance Philology at the University of Coimbra, where he was a leading figure of the Presença group. Subsequently, he worked as a schoolteacher in Portalegre. He died in 1970.

The text presented here, the ninth chapter of Jogo da Cabra Cega, *provides a good illustration of Régio's pessimistic appraisal of human relationships. The fact that there are three participants in the encounter serves to augment the scope of this emotional power game.*

Entra em Cena Melle Dora

Jaime ergueu-se, pálido. Involuntàriamente, ergui-me também. A mulher parara a meio do quarto e olhava-nos em silêncio. Era mais alta que baixa, admiràvelmente modelada. O vestido azul que trazia, com enfeites creme, cingia-lhe o corpo de modo a revelá-lo (o que decerto a favorecia) mas não parecia muito próprio à sua idade, nem se harmonizava com o seu género de beleza. Não obstante o apuro das sobrancelhas aparadas,* a maquilhagem da boca, da face, ou a expressão infantil e quase interrogativa dos olhos, ela não conseguia esconder que perdera todo o frescor da mocidade. O seu rosto não tinha rugas; se as tinha, podiam ainda ser disfarçadas. Mas o tempo e as emoções, passando sobre ele, haviam-no esculpido ao seu modo: E era agora um rosto sério, *definido,* quase patético. Eis porque o seu vestido primaveril, as suas guarnições creme e a sua boina amarela tombada sobre a orelha esquerda não condiziam com esse rosto cujo interesse era outro que não o dum rosto jovem. Tocando-lhe as sobrancelhas, caracóis de cabelo simétricos, preciosamente desenhados, arabescavam-lhe a testa e davam-lhe ainda um ar exótico. Estava luxuosamente calçada. Como Jaime e eu continuávamos em silêncio, ela atirou a boina para cima da cama, fechou a porta que deixara aberta, sentou-se numa cadeira, cruzou a perna sem a mínima cerimónia, e disse com um ligeiro esgar da boca pintada:

—Pronto! Cá estou.

O metal da sua voz fez então bailar um letreiro na minha memória:

DIA 14

NOVIDADE SENSACIONAL!
ESTREIA DA FORMOSA ARTISTA
M.^{ELLE} DORA

E nunca mais pude esquecer essa entrada de Melle Dora no quarto de Jaime. Ele permanecia de pé, branco, e parecia mais alto como se houvera emagrecido de repente. Perante tal atitude, Melle Dora riu um pouco, voltou-se um pouco na cadeira; e olhou-me dos pés à cabeça, tão longamente que me senti embaraçado. Encarou depois Jaime Franco:

—Não me esperavas, *petit chéri?*

Não sei porquê, senti na garganta uma comichão de riso.* Só o alvoroço e a curiosidade com que seguia a cena me salvaram de rir. Jaime abriu os lábios com esforço, como se os tivesse colados, e respondeu numa voz levemente rouca:

—Ninguém te chamou. Já te proibi que viesses aqui procurar-me.

—...Sim?!—fez ela acomodando-se mais confortàvelmente na cadeira. Toda a sua atitude respirava desafio. Os seus olhos devoravam o rosto do amante com uma espécie de entusiasmo. Ele tornou depois dum silêncio:

—Peço-te que vás embora. Bem vês que estou acompanhado... Procurar-te-ei logo à noite.

—Compreendo! Representas de príncipe russo perante as visitas. Já te conheço o repertório, *chéri*. Não é verdade que já te conheço o repertório? Mas não estou hoje preparada para grande dama. Bem sabes: é preciso prevenir-me... Hoje, não passo duma mulher que dança em cafés de segunda, de terceira ordem, aonde procura atrair senhores de cinquenta anos...

—Cala-te!—bradou Jaime. Eu principiava a sentir-me tão vexado que nem me atrevia a fazer um gesto para não dar o mínimo sinal da minha presença. Ela prosseguiu com prazer:

—Não, *petit; petit chéri,* não me calo. Tem paciência! renuncia

Entra em Cena Melle Dora

hoje ao teu papel. Esse cavalheiro (referia-se a mim quase de costas voltadas) saberá fàcilmente que danço em cafés de segunda ordem. Basta ir ao *Olaio*. Mas agora reparo... (de facto, agora falava ora para mim ora para Jaime Franco). Este senhor já me conhece do *Olaio*! Não era ele que estava contigo, há umas noites? Muito bem! estamos pois apresentados: A amante de Jaime Franco. Ei-lo, *mon homme!* O resto é fácil de prever. Ainda não sou velha. Mas com a minha idade, já é preciso caçar burgueses ricos para se pagar a constância dum amante mais novo, de quem se gosta...

Jaime continuava de pé, lívido. Eu olhava-o como se pela primeira vez reparara num corpo monstruoso. Mas só a veia que lhe atravessava a testa mármorea inchara e avultava agora nitidamente. E uma onda de sangue o injectou até a raiz dos cabelos. 'Será verdade,' pensava eu, 'tudo o que ele me contou?' Melle Dora levantou-se:

—Vamos a saber: Por que não me esperaste ontem?

Jaime continuava calado. A onda de sangue descera. O seu rosto era agora cor de chumbo. E eu tive mentalmente esta frase bizarra: *Já posso dizer que vi um homem azul!*

—...E anteontem? e nas outras noites? Que fazes tu há cinco dias? Mas falta o melhor: Quem te deu o dinheiro que perdeste há duas noites? Deves estar milionário! Nunca te vi pagar tão pontualmente as tuas dívidas... de honra! Bem vês que estou informada. E sei mais, bastante mais, pena é que a presença de visitas...*

—Cala-te!—volveu Jaime com a voz a tremer. Estavam um diante do outro, mediam-se como dois inimigos e fitavam-se nos olhos como dois namorados. Melle Dora procurava qualquer coisa que definitivamente o atingisse. Olhou-me então de soslaio, e disse com um riso de escárnio.

—Adivinhei, *chéri!* Ou depenas patos... ou já não fazes questão do sexo da clientela.*

Senti o rosto arder de vergonha, esbocei um gesto... Mas com uma bofetada rápida, em cheio, Jaime atirara-a contra a parede. Curvou-se depois sobre ela, agarrou-a pelos cabelos torcendo-lhe um pouco o rosto, e esbofeteou-a de novo, mais duma vez. A cadeira em que ela se sentara ao chegar fora derrubada.

—Basta!...—gritei eu instintivamente, como quando no circo o artista prolonga de mais um trabalho difícil. Pelas mesmas obscuras razões que me tornavam não verídica a história de Jaime, a cena a que agora assistia, ali, no seu quarto, me oferecia não sei quê duma exibição premeditada, ensaiada, levada a efeito em honra de não sei quem... talvez em minha honra! Jaime caíra no *fauteuil*. Depois baixou a cabeça, e eu via-lhe as mãos finas e longas tremerem-lhe nos joelhos. Pareceu-me que soluçava porque os seus ombros estremeciam como sob a acção de contínuos choques eléctricos. A mulher ficara contra a parede, encolhida ainda na atitude de esquivar os golpes... O seu vestido demasiado cingido arregaçara na luta: Viam-se-lhe quase até à coxa as pernas luxuosamente calçadas. E com a mão na face inflamada, ela olhava o amante e gemia de quando em quando. De pé, sucumbido, incapaz, eu parecia ter sido espectador duma catástrofe. Mas dentro de mim refervia um redemoinho de sentimentos contraditórios. O choro de Jaime afectara-me tanto (e eu nem sabia se ele chorava) que desejaria bater-lhe, insultá-lo, humilhá-lo, vê-lo sofrer mais, só por me vingar do mal que esse choro me fazia. No fundo, nenhum movimento de verdadeira simpatia ou piedade me arrastava para ele. Mas olhava-o com espanto, com impaciência, com um excesso de curiosidade, com não sei que profundo misto de inveja e repugnância. Era então aquele o homem notável, a *descoberta* do Grupo! Compreendia agora que já tivera intuições de tudo. Mas tais intuições ou não se impõem à clara consciência ou não atingem o simplismo duma certeza. A gente não sabe ou não crê que adivinha. E eu nem sequer o podia acusar de hipocrisia! Pois os seus sorrisos, os seus gestos, as suas atitudes, as suas frases e meias frases não me tinham sugerido, não me tinham confessado a sua miséria?* E era essa miséria o que eu lhe não perdoava? Não!: era antes a sua conciliação de tal decadência moral com raras elegâncias. Era o eu não ter sabido escutar as minhas vozes instintivas, quando ele brincara diante de mim, diante de nós, com as obscuridades da sua vida. Era a sua tese sobre a ironia, a sua inteligência, e a consideração que lhe tributáramos. Era o eu não poder estimá-lo, nem odiá-lo, nem desprezá-lo,—definitivamente. Era, sim, a minha insuficiência perante ele, a minha perplexidade...

Jaime ergueu finalmente a cabeça. E então, achei-o belo: A pele do rosto emaciara; mas as linhas haviam-se-lhe vincado, apareciam graves como as dum cadáver. Os seus olhos cujo cinzento se fazia por vezes tão inexpressivo, tão fechado,

Entra em Cena Melle Dora

brilhavam agora de inocência, de simplicidade, de clarividência, atingiam a profundeza inconsciente duns olhos de criança. Os lábios sem cor desenharam-se-lhe num sorriso tímido... E por momentos ele olhou-me assim, em silêncio, com esse olhar e esse sorriso que nunca mais esqueci. Não foram senão momentos. A sua voz teve uma ressonância estranha, quase estridente; mas a primeira frase que soltaram os seus lábios brancos e trémulos foi uma frase de salão:*
—Perdoe-me, querido amigo. Mas na verdade, esta breve cena grotesca e dramática nem chegou a ser inoportuna... Veio até a propósito. Ser-me-á, agora, mais fácil contar-lhe o meu caso. E se quiser dar-me a honra de vir almoçar comigo...
Os seus olhos inspeccionaram-me. Já não eram olhos de criança. E enquanto a curva da sua fronte me parecia mais firme e altiva, o seu sorriso suplicava... Olhei-o com pasmo, quase com pavor. O meu ódio estalou a esta sua nova atitude inesperada. Gritei-lhe:
—Eu...?!
Um instintivo esforço para manter certa elegância na minha explosão (era ainda uma espontânea homenagem que lhe prestava ...) fez-me engolir as injúrias grosseiras que me vinham aos lábios. E disse-lhe, numa voz que vibrava de raiva e a que tentava dar um tom de desprezo frio:
—Não... Desculpe-me também. Não irei almoçar consigo. Devo-lhe ainda o dinheiro da minha despesa de ontem. Compreenderá que lho não quero ficar a dever! Quanto ao mais..., a sua história já me não interessa. Sei o princípio, não é? A continuação e o epílogo devem ser vulgares... vulgares e pouco limpos. Conhecemo-nos há pouco tempo, *querido amigo.* Mas conhecemo-nos muito em pouco tempo! É melhor cada um seguir o seu caminho.
À medida que eu falava, o sorriso de Jaime empedernia. Era agora como um sorriso tosco, imóvel, gravado por qualquer escultor pouco hábil. Mas ele compreendeu decerto que o seu belo sorriso se transformava num esgar. Passou pelo rosto a mão exangue, e o sorriso desapareceu como um mau desenho que se apaga. Depois levantou-se vagarosamente. Os seus olhos fixavam-me com tal intensidade que eu sustentava uma verdadeira luta para não desviar os meus. Houve assim um silêncio. E neste silêncio ouvi chorar Melle Dora. Ela chorava encolhida

contra a parede, a face na mão, e gemendo de quando em quando, quase ritmicamente, como uma criança magoada que se diverte com o seu próprio choro.

—Ouça—disse Jaime com doçura; mas respirando a cada palavra, como um homem que chega exausto—o senhor é novo: Compreendo a sua revolta, os seus belos sentimentos! Eu também ainda não sou velho; mas tenho vivido muito, sabe lá! Peço-lhe que não seja precipitado. Julgar é talvez uma faculdade a que nenhum homem tem direito... Que condenamos nós nos outros? O que não somos, ou o que não sabemos que somos, ou o que não queremos ser. O homem é um animal tão complicado!... E a vida está cheia de portas falsas, de aposentos secretos e de alçapões disfarçados...*

—Positivamente..., admiro-o: O senhor continua a fazer frases!

—O senhor—prosseguiu ele como se me não tivera ouvido—passou por mim e reparou. Não é verdade?, reparou em mim. Há intuições que não enganam: Adivinhei que nos poderíamos compreender. Sim, talvez nenhum homem tenha o direito de condenar! Mas a verdade é que todos nós escolhemos ou condenamos a cada instante. Eu escolhi-o para meu amigo desde a primeira vez que nos vimos. Porquê? Não sei; mas há talvez entre nós aquele *ar de família* que relaciona os irmãos mais diferentes... Além de que eu estava cansado de ser só, de me sentir desconhecido precisamente no que há em mim de mais íntimo: ou de melhor... ou de pior. Tenho tido muitos amigos!, como pode crer. É tão fácil conquistar os homens! Basta estender uma côdea à sua vaidade faminta, ou um bordão às suas debilidades...* Alimentam-se destas migalhas. Eu sou homem como eles, mas desprezo-os! desprezo-os! Quase todos os homens são fracos como mulheres... Tenho pois conquistado muitos amigos porque não tenho feito senão mentir-lhes. A piedade ou o desprezo que me inspiram divertem-me algum tempo. Sou, na vida, um bom actor... Mas depois, por tédio, levanto uma ponta da máscara e amedronto-os. E quase todos se revoltam: Não me pediam senão que continuasse a mentir-lhes... Ora ao senhor, sonhei conquistá-lo com outras armas. Sonhei tratar consigo de igual para igual. Pouco a pouco, é evidente; pouco a pouco! Busquei e busco em si uma companhia...; o que quer dizer que sou tão fraco como os outros, mas que importa? Por isso lhe falo com esta

Entra em Cena Melle Dora

franqueza. E ainda não desesperei de conquistá-lo! Não é verdade que estamos no começo? Não creia que as suas insuficiências, os seus erros ou os seus enganos me possam fazer desanimar de si! Não!: sou pertinaz. E aprendi a julgar os homens, já que é impossível deixar de os julgar, não pelos seus actos ou palavras, mas pelo que neles está para além... ou para aquém. Isto é um pouco obscuro, desculpe-me. Quanto ao senhor..., ir-me-á aceitando pouco a pouco. Não tenha pressa, querido amigo! Simplificamos sempre tudo o que julgamos compreender depressa. E tais simplificações são verdadeiras calúnias! É com estas e outras observações que restrinjo o meu instintivo desprezo pelos homens...

Calou-se. Estava diante de mim, pálido, cansado e vibrante; senhor de si apesar de tudo. Melle Dora deixara de gemer para o ouvir.

—O senhor continua a fazer literatura..., a mostrar-se inteligente..., a compor frases!—disse eu.

Os seus olhos acenderam-se um momento duma luz sinistra. No seu olhar passou o clarão selvagem do ódio dum louco. Mas passou logo, se é que não foi pura imaginação minha. E Jaime limitou-se a responder com secura:

—Frases...? Talvez. Mas repare que é o senhor que mas pede.

—Eu?!

—Certamente. Bem vê que se não compreende o que digo..., muito menos compreende o que faço.

Corei, sentindo a justeza da sua resposta. E fiquei-me a olhá-lo calado, interdito pela súbita reviravolta do seu tom. Sorrindo, ele deitou-me então as mãos aos ombros; e retomando o seu tom condescendente:

—Vê como entende melhor as minhas frases do que as minhas acções?

Recuei um passo, fugindo ao contacto das suas mãos.

—Acabemos com esta comédia!—gritei—E pela última vez: que quer o senhor de mim?!

—Já lho não disse? Que seja meu amigo.

—O senhor confia de mais nas suas frases!

—Querido amigo..., confio sobretudo em si.

Aproximei-me um passo, como atraído. E com um vago gesto para também lhe deitar as mãos aos ombros, disse baixo:

—Pois eu..., desprezo-o!

—Mente!—respondeu ele dominando-me à custa de firmeza e audácia.
Gaguejei:
—Minto?... Eu minto...?
O vago gesto de lhe deitar as mãos aos ombros realizou-se. Sacudi-o com um prazer quase sensual. E olhando-o de frente, nos olhos, continuei com uma espécie de admiração rancorosa:
—Minto!, sim. Minto! Mas odeio-te! Fazes-me tédio, ou repugnância...
—...Ou medo...
—...Ou medo...—repeti como um eco. Era-me impossível arrancar os olhos aos seus; e dos meus olhos devia transparecer a mesma admiração rancorosa. Com movimentos cheios de melancolia, graciosos, quase preciosos, ele agarrou-me então os pulsos abrindo-me um pouco os braços. O sorriso reapareceu-lhe na boca. Todo o seu rosto exprimia indulgência e uma curiosidade apaixonada.
—És uma criança!...—disse deixando cair as palavras uma a uma—Admiras-me, odeias-me, aborreces-me, és atraído para mim ou repeles-me..., e tudo isso quer dizer que estamos ligados um ao outro. Mas por que te comparas de mais comigo? Deixa-te ser o meu irmão mais novo! Eu quero compartilhar contigo os meus tesoiros, poupando-te ao cansaço de subir e descer escadas terríveis. Bem sei que os meus tesoiros são... perigosos. São talvez perigosos! Mas hás-de chegar a poder com eles.* Confia em mim! Abandona-te um pouco mais... Coragem!, mais um passo.
Compreendi então que ia ser de vez o seu boneco de corda. Ele apossava-se de mim, eu cedia... Mas dum movimento brusco, imprevisto, arranquei os pulsos à pressão dos seus dedos. E sem que eu houvesse calculado este gesto que me libertava, a minha mão direita ergueu-se no ar, caiu de alto sobre a sua face esquerda juntamente com a palavra insultuosa:
—Chulo!
A espontaneidade do gesto havia-me feito preferir a grosseira expressão portuguesa ao *souteneur* usado no Grupo. Jaime recuou, vergando um pouco, e levando a mão à face esbofeteada como para a esconder. Eu olhava-o fremente, espiando-lhe os gestos. Arquejava. Exultava da certeza de me ter libertado! Vinham-me aos lábios frases de provocação brutal e ridícula. Só não sei que

Entra em Cena Melle Dora

profundo submovimento de mal-estar sucedera em mim ao impulso primeiro—que eu quereria continuar a esbofeteá-lo a fim de me aturdir. Nem me lembrava de que ele era suficientemente forte para me vencer.

Jaime sentou-se finalmente na borda do *fauteuil*. Os braços caíam-lhe pendentes. E olhava-me sempre, fito, com uma expressão de pasmo entre sarcasta e dolorosa. Estava quase verde. A marca dos meus dedos começava a desenhar-se-lhe rosada na face esquerda. Depois pôs-se a mexer com os lábios, como quem mastiga, e vi-lhe um princípio de espuma aos cantos da boca. Tive medo, porque as feições se lhe descompunham. Foi então que um vestido azul rojou pelo chão até ele—e eu achei quase tocante o mau gosto desse vestido azul com enfeites claros... Melle Dora gemeu:

—*Petit...!*

Jaime levantou o rosto, vergando a cabeça para trás. A garganta, com o pomo-de-adão saliente e móvel, tumultuava-lhe como se ele se esforçasse contra não sei quê... Um estremecimento brusco lhe sacudiu os ombros; depois outro, mais prolongado. A mulher estava a seus pés e tacteava-lhe as pernas, os joelhos, com uma precipitação ansiosa. Como ele continuava de face levantada, os olhos agora fechados, suspeitei que o seu olhar me seguia filtrando-se por sob as pálpebras descidas. E repentinamente, tive a certeza de que esta sua espécie de crise era se não totalmente simulada, ao menos exagerada e em parte voluntária. Longe, porém, de atenuar o mal-estar com que eu assistia às suas perturbações fisiológicas, tal certeza antes o prolongava do terror e da agitação que inspiram as coisas inexplicáveis... Dei dois passos para sair. Mas Jaime abrira os olhos, e o seu olhar detinha-me. Certo de que eu ficava, dobrou-se para Melle Dora, agarrou-lhe a cabeça pelas fontes, puxou-a a si e beijou-a na boca. Ela deitou a cabeça nos seus joelhos, e durante um minuto pareceram ambos esquecer a minha presença. 'Agora,' pensei, 'vão talvez fazer amor...' E um misto de interesse, dó, remorso e repugnância me obrigava a presenciar esta cena com verdadeira paixão. Jaime arredou a companheira e levantou-se firmando as mãos nos braços do *fauteuil*. Estava pálido, quase sereno. Mas a voz saiu-lhe um pouco rouca e pegajosa:

—Por esse tempo..., o tempo em que aprendia doutrina com o padre Malva, comecei a ter certas indisposições estranhas... De

repente o chão oscilava sob os meus pés, eu encostava-me a qualquer móvel, o espaço alargava diante de mim...
—Adeus!—gritei com desespero e furor.
—Só um instante...!—fez ele. Procurou num bolso interior do casaco; e lentamente, como gozando a minha obediência e a minha expectativa, estendeu-me um papel amarrotado. Peguei nele sem o reconhecer à primeira vista. Era a carta de minha mãe.

'Pedro meu filho, estimo que tenhas passado com muita saúde que eu e teu pai vamos indo sem novidade de maior.* Porém eu tenho tido a mão direita meia aleijada que me tem impedido de te escrever. Dei um jeito como se costuma dizer no polegar que desde segunda-feira tenho trazido a mão bastante inchada e ainda conservo um bocadinho, sòmente agora vou indo melhor com umas lavagens que me ensinou a prima Baptista. Mas ainda não posso pegar num pacote que contenha meio quilo.* Nunca se está livre de brincadeiras pois não é! Quando fazes tenção de vir cá? Estás mais este mês inteiro? Se vieres, etc., etc., etc.'

—Tinha isto a restituir-lhe—murmurou Jaime.
Todo o sangue me subiu à cabeça! As frases da carta de minha mãe silvavam-me na memória, o crânio encheu-se-me assim dum tumulto cortado por um uivo contínuo, longínquo. Senti com revolta e surpresa que os olhos se me enchiam de lágrimas. O ardor da face queimou-mas. Com movimentos bruscos, automáticos, rasguei a carta em pedacinhos que me caíam das mãos. E os meus olhos não largavam o rosto pálido de Jaime Franco. O miserável acertara! Eu corara diante dele da minha pobreza, da minha sentimentalidade, da minha alma; e envergonhara-me das intimidades ternas e ridículas que minha mãe me escrevera... O miserável acertara. Gritei-lhe na cara:
—Cobarde!
E admirado, eu próprio, do que fazia, comecei a procurar no chão, com todo o cuidado, os bocadinhos da carta que acabara de espalhar. Os soluços subiam em mim como ondas sucessivas. E repetia mentalmente, sem poder acabar a frase nem renunciar a ela: 'E mesmo algum lençol que esteja servido...* E mesmo algum lençol que esteja servido... E mesmo algum lençol que esteja servido...' Assim palpava debaixo dos móveis, metendo no bolso todos os bocadinhos que se me deparavam. Então, o meu

Entra em Cena Melle Dora

olhar encontrou o de Melle Dora. Ela estava sentada no chão, contra o *fauteuil*; e no olhar com que me seguia havia não só espanto mas também simpatia e curiosidade profunda... Ergui--me logo, com os olhos secos. O olhar de Melle Dora era quase *um olhar de solidariedade!* E em virtude desse olhar que me ofendia compreendendo-me, eu indignara-me contra o que havia de excessivo e anormal na minha atitude. Jaime deu dois passos para mim. Com um gesto hesitante para me estender a mão, disse:
—Ainda estamos a tempo... Quer ser meu amigo?
Na face esquerda aparecera-lhe uma roseta vermelha. Eu não podia deixar de sentir que fossem quais fossem as suas misérias, havia nele qualquer coisa de muito raro. Nestes momentos preciosos, fugidios, o seu rosto iluminava-se duma candura absoluta. Ora justamente, eis o que se me tornava intolerável. Olhei-o com tanto ódio que involuntàriamente ele encolheu a mão. Quis sair. Mas ele pusera-se-me ainda em frente.
—Não compreendes? Perdemos agora uma ocasião única!
Precipitei-me, desci umas escadas, atravessei um corredor, desci outras escadas, cruzei com alguém que entrava, passei um pátio, vi-me na rua... E só longe, pelo sol vivo que me batia na cabeça, reparei que deixara o chapéu no quarto de Jaime Franco.

(from *Jogo da Cabra Cega,* 1934)

Vitorino Nemésio

Vitorino Nemésio was born in 1901, in the Azores, of an old aristocratic family. After a brief experience of journalism, he studied Law and Philosophy at the University of Coimbra, and moved on to a highly distinguished academic career. He died in February 1978.
Both the passages which follow are taken from Mau Tempo no Canal. *The first gives some indication of Nemésio's interest in the character and speech of the poorer inhabitants of the Azores. The second is perhaps better suited to illustrate the subtlety and elegance with which the author can suggest states of mind.*

Sexta-Feira da Paixão

Aquele dia santo* no quartel pareceu a João Garcia uma ilha no mar da sua vida incolor, sem vento para vela alguma. Tocara à ordem mais cedo;* a maior parte dos soldados estavam de licença ou dispensados. O sargento de dia assegurava o ramerrão do serviço* a toque de corneta: rancho...* cabo de dia... detidos e convalescentes... Cabo de dia... faxina das luzes...* rancho. A marmita* avançava com o clássico feijão, duas batatas fumegantes, o toro de linguiça.* Provava aquilo; apetecia-lhe comer com os soldados, fazer como eles: atirar uma casca de batata ao corpanzil de Damião Serpa. '*Rancho abundante e bem confeccionado*', poria amanhã no relatório. E, fechado no quarto, de capa traçada, considerando o balde do lavatório de válvula e os coldres da pistola, João Garcia sentia a solidão do convento do Carmo pesar nas janelas velhas, abrir-lhe a cidade como uma presa fácil e dócil aos seus pensamentos. Tudo o que o intimidava nos encontros quotidianos—a família, os amigos alegres, as esquinas com montras, a passagem fugaz de Margarida com Roberto e Pedro na *charrette*—vinha-lhe ter ali, na linha da Doca e dos telhados floridos de ervinhas trémulas, como uma evidência que dependia apenas de um gesto seu para a reter.

Faria a vontade ao pai. Já tinha pedido ao Comandante para sair do quartel uma hora mais cedo: Espínola, que o vinha render, não se importava com endoenças.* Apesar do estado de guerra, das

Sexta-Feira da Paixão

luzes apagadas em certas noites na Doca para um tirocínio de medo a submarinos imaginários, o serviço da guarnição fazia-se pacatamente, com a familiaridade das ilhas,—e fazia-se bem. Sairia a tempo de assistir a parte das cerimónias. Margarida decerto não faltava. E na Matriz,* depois da missa, com tudo escuro, acharia maneira de lhe falar. Bastava uma palavra: no guarda-vento ou perto do corredor das capelas, aproveitando a enchente. Via-a já de mantilha, acusando-se na escuridão da igreja pelo seu infalível raminho de violetas de Parma: só duas ou três flores no fundo do bioco,* para não ofender a gravidade do dia e dos costumes. Teria tempo, ao menos, para lhe mostrar a mágoa daquela frieza injusta, convencê-la enfim a aparecer no muro da quinta ou à janela do Granel? É verdade que esgotara todos os estratagemas; ela acabara sempre por furtar-se-lhe de uma maneira enigmática, que parecia esconder equívocos sob uma naturalidade espantosa, nascida de circunstâncias cegas ou conspiradas, como uma barreira estranha à sua vontade verdadeira. Por isso aquele desfecho se projectava sempre sobre uma ocasião misteriosa, um futuro igualmente inacessível a previsões e a obstáculos. Era esse o seu dia; quem sabe?... De outra maneira...

João Garcia dava uma volta pela parada quando viu uma praça da guarda aproximar-se, compor as cartucheiras para lhe pedir licença. Seguia-a um homenzinho descalço, que não conheceu às primeiras.

—Vossa Sinhoria perdoará a minha cunfiança...

Mas era Manuel Bana! Forçou-lhe o braço que segurava embaraçadamente o chapéu contra a testa; via-se-lhe o forro cor-de-rosa sujo do suor da cabeleira.

—Diga lá, Manuel. Ditosos olhos que o vêem!

—Eu vinha pidir ũa esmola* a Vossa Sinhoria. Tenho cá um sobrinho no castelo, o mê Chico; nã sei se Vossa Sinhoria está alembrado do rapaz... o 625 da 5.ª; chomo-le 'o meia-croa'...* E, vai daí, minha irmã é ũa prove de Cristo;* inviuvou há um ano. O home deixou-le um alqueirinho de terra* e a casa: um palheirinho... Mas tem uns biscates lá no Capelo; deve no botiquim... Fázim de renda uns pastos do sr. Matesinho Dulmo;* ele perdoou a mê cunhado a renda do ano passado. Mãis minha irmã é sòzinha; ela e a piquena: Nã tem quem no ganhe senão aquele filho...

—E vossemecê que queria?

—Se Vossa Sinhoria falasse ò sr. capitão Soares, que le desse ūa licençazinha... siquer uns três dias! Era ūa esmola... Os milhos este ano stão bonitos; mãis sachá-los?!* Tem o feijão... tem as batatas... Bota-se tudo a perder se nã se le acode.* Vossa Sinhoria bem sabe... são mulheres; inda que queiro, não atímum...* O campo carece mão de home.

—Bem; vamos a ver...—João Garcia puxou de lápis e papel.—Ele como se chama?

—Frâinsco Cardoso... Frâinsco Bana; é cá o abrasão da família.* Ê nã me estrevia a incomedar Vossa Sinhoria; mãis lá a menina disse-me logo: 'Vai, Manuel, vai lá, que o sr. Alferes é mūto bum. Inté, se quiseres, diz que fui eu que te mandei'. Vossa Sinhoria disculpe, mãis a menina é que disse isto... A gente semos uns bruitos; nã temos labutação.* Credo! Andei co aquilho ò colo.* Um pisco...—A mão de Manuel Bana tomava uma altura ao chão encascado da parada, como nos seus tempos de recruta, no esforço das flexões.* Um sorriso vidrado enchia-lhe o olhar cauteloso.

—Vou ver... Vou ver...—disse João Garcia, compondo a braçadeira encarnada.—Prometer, não prometo. Hei-de fazer o que puder...

—Ah, meu Alferes! Era ūa esmola.

—Veremos...

Manuel Bana tinha feito o serviço militar na Terceira; era artilheiro. Conservava diante de oficiais o aprumo da fileira, agora um pouco cortado pela sua lábia do campo* e pela humildade aberta de criado de cidade e de quinta. João Garcia sentia diante dele a ternura que lhe dava a gente do 'monte'* a falar, e uma curiosidade invencível, que nascia de uma solidariedade tácita, como que referida a um convívio desmemoriado e remoto. A ideia de que Margarida se associara de algum modo àquela embaixada da licença deu-lhe de repente coragem. Mandou esperar o criado:

—Vossemecê importa-se de levar uma carta à menina? É por causa de uns livros que fiquei de lhe emprestar...

—Vossa Sinhoria manda!

João Garcia subiu ao quarto; tirou papel. Sentir aquele homem à espera era ter a certeza da cumplicidade do destino naquele meio de dizer enfim tudo a Margarida, com o calor do seu coração escondido e a isenção de uma distância imposta por puro acaso, naquele isolamento que o exaltava como se estivesse investido numa missão misteriosa. Naquele convento agora reduzido a quartel ao alto da cidade, defronte do Pico arroxeado das nuvens do mar ao entardecer, sentia-se na posse de uma força que vinha do fundo dos tempos, quando as Ilhas não tinham ainda sinal de nada humano: escritórios, chapéus de coco,* pianos ouvidos lá para dentro das casas nas travessas cheias de erva, e esta inquietação sem nome das mulherzinhas do campo sem braços que 'lho' ganhassem,* das raparigas da cidade amortalhadas nas mantilhas e desviadas dos caminhos que requerem nudez e verdade. E foi pouco mais ou menos o que pôs na carta que estendeu da janela a Manuel Bana.

Uma Caçada aos Pombos

Uma fenda de lava atraiu a atenção de João Garcia. Estava mais contra a terra, abrigada pelo resto de um muro de um antigo cerrado de trigo, agora inçado de grama e de junçais de baga seca. Um forrozinho de penas e de palhas vestia aquele recôncavo. E no meio da aspereza do Zimbreiro, entre o mar escuro da hora da tarde e da rocha empinada e negra, aqueles restos de ninhos pareciam um último apelo à vida, uma esperança escapa à dureza e ardor do Verão. João Garcia agarrou-se aos penedos que defendiam a fenda forrada, e, marinhando por eles com uma ligeireza perigosa, contendo a respiração na esperança de achar um ser vivo, espreitou o esconderijo. Um pombo espantado, deixando um punhado de penas na boca da furna, ergueu voo. Um tiro partiu. A bala zunira a pouca distância, e João Garcia, estendendo-se no chão, gritou:

—Eh, lá!...

Mas soou outro tiro, e o pombo ferido, desasado, foi cair a um junçal. Caminhando de gatas* em direcção às junças, João Garcia descobriu um vulto de caçador que, misteriosamente surgido do lado das falhas da rocha, saltara outro lanço de muro derrubado.

—Você, Barreto?!...

O outro correu, e, vendo João Garcia pálido, ainda metido nas junças, perguntou:

—Está ferido?... Valha-me Deus!

—Não foi nada. Mas, realmente, por um pouco que me não leva

uma orelha... Onde se meteu você?! Trepar a esta altura da rocha atrás de pombos bravos é sempre uma imprudência. Sobretudo para quem caça. Vem do pesqueiro do Marraxo?
—Oh Garcia! pelo amor de Deus, perdoe! Nunca me passou pela cabeça encontrar alguém neste ermo. Uma destas!...
André Barreto pegara no pombo pelos pés e, cedendo à estaleca de todo o bom caçador,* examinava o efeito do chumbo como se medisse consequências de que se sentia aliviado. João Garcia tentava vencer um grande nervosismo:
—Mas oiça! Como é que conseguiu descer pela rocha à Pedra do Marraxo, um trilho a que raros pescadores se atrevem?! Só se veio de barco...
—Vim com o Roberto no bote novo. Vê?...—Mas André não largava a peça de caça em sangue:—Que rico pombo! E este é raro... dos trocazes de rocha:* *trocaza laurivora,* segundo o Pretextato do Posto. São assustados e biqueiros; comem só baga de loiro...*
João Garcia, de mão em pala nos olhos,* olhava para o largo sem descobrir mastro ou vela:
—O bote?! Aonde?...
Então André Barreto apontou uma luz de vante* quase encostada à falésia, e João Garcia distinguiu o foco do cachimbo de Roberto ardendo e esmorecendo ao pé de um vestido claro:*
—Ah...
—Venha connosco. Encostamos ao cais da Madalena. O barco é grande, safa-se bem. Venha daí!
—Eu?!
—Então que tem?... Enjoa?
—Eu, não.
Ouvia-se uma voz de mulher gritar em porta-voz:*
—Ih... ah!...
—Não ouve?... Chamam-no. Vá... vá lá! E não pense mais no caso...
—Mas você está realmente a tremer... Quer que o acompanhe?
—Por tão pouco?... Ouviu...? Outra vez. Parece senha.* Deve ser agradável caçar assim ao anoitecer, com um mar que nem mexe... O bote é airoso. Não se demore. Cuidado não caia...
—Então boa noite...
—Boa noite.
Ouviu-se a bota cardada* de André Barreto nos passos cavados

Uma Caçada aos Pombos

da rocha, e o seu vulto, de espingarda a tiracolo, perdeu-se no escuro a pique.*

João Garcia não parou senão muito perto da capela. O tio Jacinto, inquieto, vinha em procura dele. Sorriu e tranquilizou-o.

—Ouvimos uns tiros... Faz ideia que susto! Estes caçadores de pombo de rocha atiram para aí às cegas.

—Passei de largo... Descanse.

Mas a palidez traía-o. Levava nos olhos aquele espectáculo bravio do ninho revolvido, o pombo esvoaçando e atirando-se como uma seta; depois o tiro estúpido que lhe esfacelara uma asa, e a unha de André Barreto penteando-lhe as penas do papo numa pasta de sangue. A caravana da família já descia as ladeiras, direita à porta de casa. Abaixo de umas giestas, o vulto do pai pesado, ao lado do bordão de Honório. O tio Jacinto, entretido com um assobio distraído e tristonho, ia à frente. E a lembrança daquela voz de mulher subindo da luzinha do bote queimava-lhe o peito opresso, ardia na ressalga do mar que lhe fazia os dedos ásperos,* na brasa do cigarro puxado de segundo a segundo, que lhe disfarçava em fumo os olhos rasos de lágrimas.

(from *Mau Tempo no Canal,* 1944)

Miguel Torga

Miguel Torga (Adolfo Rocha) was born in S. Martinho de Anta in 1907. He was taken to Brazil when he was thirteen, but returned to study medicine at Coimbra University. A doctor by profession, Torga has achieved great distinction as a poet, as well as through his prose fiction.

The texts included here reflect Torga's concern with fundamental human values. Madalena, one of the few human figures of Bichos *(1940), is driven out by an intransigent social code to face her time of trial alone, much as a wild creature might have to. The second passage, from* Vindima *(1945), shows the triumph of love and, eventually, of human dignity over degrading circumstances.*

Madalena

Queimava. Um sol amarelo, denso, caía a pino* sobre a nudez agreste da Serra Negra. As urzes torciam-se à beira do caminho, estorricadas. Parecia que o saibro duro do chão lançava baforadas de lume.

Madalena arrastava-se a custo pelo íngreme carreiro cavado no granito, a tropeçar nos seixos britados por chancas e ferraduras milenárias. De vez em quando parava e, através dum postigo aberto na muralha das penedias, olhava o vale ao fundo, já muito longe, onde o corpo lhe pedira para ficar, à sombra de um castanheiro. O corpo. Porque a vontade fizera-a atravessar ligeira a frescura tentadora da veiga e meter-se animosa pela encosta acima. Tudo estava em chegar a Ordonho a tempo da sua hora.* Por isso, era preciso reagir contra a própria natureza e andar para diante, custasse o que custasse.

Galgada a custo a última rampa, Madalena encarou com terror a imensidade da montanha descarnada e hostil. Cada fragão de estremecer!* Blocos desmedidos, redondos, maciços, acavalitados uns nos outros num equilíbrio quase irreal, ou então dispersos, solitários, parados e silenciosos pelo planalto além.

Começara a sentir as dores de madrugada, vagas, distantes, quase gostosas. E, a esse primeiro aviso, resolvera partir. Já agora, por mais um pouco, era levar a cabo aquele timbre.* Sabê-lo, até ali, só ela e Deus. Nem o maroto que lhe fizera o serviço desconfiava.* Sempre fora senhora do seu nariz. Dera o tropeção, é certo, mas em seguida conseguira esconder a nódoa dos olhos do mundo—a nódoa maior que pode sujar uma mulher. E nem mesmo ele suspeitava sequer do que se passava. Dias depois da desfeita, quando se lhe chegou com olhinhos de carneiro, a querer repetir a façanha, pô-lo a andar,* sem de longe ou de perto tocar em tal assunto.

—Escusas de teimar: pega ou larga de vez. Se te não presto para uma coisa, também te não presto para outra... Resolve. Cães no rasto é que não quero!...

Fez-se desentendido. Lá casamento, isso não era com ele. Tinha a mãe, tinha as sortes,* tinha a vida encalacrada.

—Pois então...

E virou-lhe as costas. Servir-lhe apenas de estrumeira, consentir que se utilizasse dela como de uma reca, não. É verdade que a disfrutara por inteiro naquela maldita tarde... Paciência. O que é, comera por uma vez. Danado, ainda rosnou. A engolir as palavras, deu a entender, numa cava, que sim e mais que também.* De pouco lhe valeu. Ela cortara de tal maneira o mal pela raiz, que ninguém acreditou nas alarvadas.* Graças a essa firmeza, estava quase a chegar ao fim do fadário na consideração de toda a gente. Bastava agora ter coragem e ânimo nas pernas. Não. Nem Roalde,* nem o badana se haviam de rir. Dera com o nariz no sedeiro, realmente. Na primeira quem quer cai...* Mas tomara a peito manter-se pura daí em diante, e fizera vingar a sua. Nove meses como nove novenas!* Preferia morrer, a ficar nas bocas do mundo. Com o correr do tempo, vira-se e desejara-se* para manter o disfarce. Os últimos dias, então, pareceram-lhe anos. Felizmente, até esses vencera sem se denunciar. Fechou-se em casa, com a desculpa de andar adoentada, e aguardou que chegasse o momento de largar. E vinha o sol a nascer, este mesmo sol que agora lhe estonava a carne, metera pés a caminho. Nem viva alma, ao sair da aldeia! Roalde em peso mourejava nos lameiros e nas cortinhas da Tenaria. O Agosto corria criador. E cada qual gastava-se nos bens, a regar os milhões, as hortas e os batatais. Em Roalde, graças a Deus, àguinha—era dar ao talhadoiro...*

Água!... Se ao menos tivesse um golinho dela naquele instante! Bastava-lhe molhar a boca... Já mal a sentia, de tão seca... Era um buraco encortiçado, por onde o ar passava em labaredas. Quase que lhe apetecia ferrar os dentes no toco dum carvalhiço, a ver se a humedecia.

Chegada ao meio do planalto, as penedias metiam medo. Espaçadas e desconformes, pareciam almas penadas. Uma giesta miudinha, negra, torrada do calor, cobria de tristeza rasteira o descampado. Debaixo dos pés, o cascalho soltava risadas escarninhas.

Estalava de secura. Ao tormento do cansaço e à crueldade das guinadas traiçoeiras que a anavalhavam quando menos esperava, juntara-se uma sede funda, grossa, que a reduzia inteira a uma fornalha de lume. Mas já o seu avô almocreve dizia:

—Na Serra Negra, quem se quiser refrescar, tem de beber o suor...

Simplesmente, o avô era homem e corria o mundo escanchado num macho, com a borracha de vinho no alforge. E ela, Madalena, não passava de uma pobre mulher, que ia ali naquele ermo excomungado, trespassadinha,* já sem forças para mais, com o maldito do filho dentro da barriga aos coices. E tudo por causa das falinhas doces do Armindo, daquelas falinhas mansas, repenicadas, que a levaram à desgraça! Ah, magusto, magusto do S. Martinho!* Caras lhe estavam as quatro castanhas assadas que aceitara na cardenha da Tapada. O malandro até jeropiga tinha ali à mão!* E ela, a tola, comera, bebera e, por fim, rolara na palha aos berros. Mas de nada lhe valera. De todo o jeito, era sempre sobre o seu corpo o corpo rijo do estafermo, tenso, quente, angustiado. E cedera. Um minuto de fraqueza, ou de piedade concedida a tamanho desespero, e ao acordar—perdera o melhor. Mas pronto. Estava feito, estava feito. Levantou-se, sacudiu a saia, e não tugiu nem mugiu.* Fez de conta que nada acontecera. Só que daí por diante passou a desviar-se das ocasiões, embora sempre à espera. Calada como um testamento, aguardou que o rapaz viesse falar-lhe a sério. Lá com palavrinhas de amor, não! Batesse a outra porta. E queria os banhos na igreja e o casamento em Janeiro. Sem lhe dizer, é claro, que ficara naquele estado...

Mas o cão só pensava na carniça.* Quando voltou, trazia apenas o vício assanhado. E mostrou-lhe o caminho.

—Para isso, vai às da Vila...

Tratou de enfaixar o ventre sob o saiote de lã, e foi vivendo. À noite, na cama, é que em vez de passar contas passava lágrimas... Como vivia só, ninguém, felizmente, dava fé das suas mágoas. E

Madalena

os meses iam correndo. Até que ao amanhecer daquele dia... Mas Roalde não havia de ter o gosto de lhe ouvir os gritos. Nem Roalde, nem o tinhoso do senhor Armindo. Não lhes dava essa glória. E ali se arrastava, quase morta, por ermos amaldiçoados, para que tudo continuasse entre ela e Deus. Meteria agora no segredo a Ludovina, a sua amiga de Ordonho, porque de todo não poderia governar-se sòzinha em semelhante aflição. Em casa dela teria o filho. E depois... Depois... Ah, mas a sede cortava-lhe o tempo ao meio! O futuro para um lado, vago, distante, irreal; o presente para o outro, urgente, positivo. Água! Tivesse ela à mão a fonte da Tenaria, um olho marinho que fartava os lameiros e ficava na mesma,* água a jorros com que matar a sede da boca, do peito, da barriga, do corpo inteiro, e tudo seria simples...

Mas água, só a que lhe inundou de repente as partes, e lhe escorria pelas coxas abaixo, quente, viscosa, pesada...

Estremeceu. Poderia ainda continuar? Poderia ainda arrastar-se, cheia de febre, extenuada, em ferida, pela serra a cabo? E as dores cada vez mais apertadas, que a varavam de lado a lado, a princípio rastejantes, quase voluptuosas, e depois piores que facadas? Não, não podia continuar. Agora só atirar-se ao chão e, como no dia de S. Martinho, rolar sobre a terra em brasa, negra, saibrosa, eriçada de tocos carbonizados, sem palha centeia a quebrar a dureza das arestas, e sem o desavergonhado do Armindo a cantar-lhe loas ao ouvido...

Aguilhoado de todos os lados, o corpo começou a torcer-se, aflito. E daí a pouco arqueava-se retesado, erguido nos calcanhares e nos cotovelos, a estalar de desespero. Dentro dele, através dele, um outro corpo estranho queria romper caminho. E, por mais que cedesse e alargasse, o inimigo mantinha-se insatisfeito, a reclamar maior espaço, a exigir as portas abertas de par em par. Sem a piedade dos intervalos de há pouco, as dores pareciam cadelas a mordê-la. De cada guinada vencida, nasciam outras guinadas, como rebentos por uma castinceira acima. E toda ela era um uivo de bicho crucificado.

Alheia a tamanha angústia, a serra dormia a sesta, impassível. Indiferente ao tempo, que parara ou deslisava sem lhe tocar a pele empedernida, fechara-se num egoísmo desumano. E quando Madalena, ao cabo de uma eternidade cega e raivosa, conseguiu finalmente sair do tronco de tortura, nada mudara. Os fragões sonhavam ainda.

Suava em bica. Escorria das fontes à sola dos pés. O sol já não estava a pino. Ia caindo, agonizante, para os lados do Marão. A última dor morrera há um segundo, ou há horas, ou há semanas? Não sabia. Sabia, sim, que o sofrimento se apagara de vez e a deixara, como deixa o cortiço o enxame que parte.

Nem um som, nem a presença duma aragem a quebrar a solidão que a cercava. Apenas num céu em fim de incêndio um mormaço cerrado.

Abriu de todo os olhos turvos. Entre as pernas, numa poça de sangue, estava caído e morto o filho. Carne sem vida, vermelha e suja. O segredo dela e de Deus!...

Exausta, deixou-se ficar prostrada, a saborear o alívio. As cancelas escancaradas fechavam-se lentamente...* Por fim, cansou-se da própria imobilidade. Ergueu-se, então. E permaneceu assim alguns segundos a ouvir o silêncio, como a ver se lá do longe vinha resposta aos gritos desesperados que lançara. Nada! O mundo emudecera.

Com fetos verdes limpou-se. Depois deixou cair aquele pano sujo no charco onde o filho dormia. O pé, sem ela querer, foi escavando e arrastando terra... Aos poucos, o seu segredo ia ficando sepultado... O pé tentava deslocar agora uma laje que estava ao lado. Era pesada de mais. E as mãos ajudaram... O sol, cada vez mais baixo, lançava os últimos avisos da sua luz. E os olhos de Madalena viram claro. Eram horas de regressar. Eram horas de voltar à aldeia e matar aquela sede sem fim na fonte fresca da Tenaria.

(from *Bichos,* 7th revised edition, 1970)

Escândalo na Cardenha

Foi nessa noite que na cardenha deram pela falta do Gustavo e da Glória.* Apoiada na compreensão da Angélica,* a rapariga, às tantas, erguera-se pela mansa, escapulira-se na ponta dos pés, e não voltara mais. O rapaz, claro que fizera o mesmo. E de madrugada, a Augusta, moça alorpada* e sem amores, tocou a rebate.

—Onde se meteu a Glória?

Escândalo na Cardenha

—Cala-te, rapariga!—ralhou baixinho a Angélica.—Já vem. Teve de ir fazer uma necessidade... Dorme, dorme...
A capa da misericórdia tentava encobrir o sol.* A claridade dele é que entrava pelos olhos dentro.
—Meta o dedo na boca a outra! A mim, não! Já há bocado reparei que não estava cá... Ou vossemecê pensa que os mais* são parvos?!
Falava alto, e algumas mulheres acordaram.
—O que é?
—Nada!—acudiu a velha.
—Nada, é como quem diz! A Glória anda no fado há mais de duas horas...* Pelo menos! Quando o galo cantou a primeira vez já ela tinha saído...
—Ai a grande calatra!*
—Foi lá fora, valha-vos Deus!... Tendes uma língua!
A Angélica lutava com desespero, mas a não querer dar-se muito por achada.* Era a melhor maneira.
—Foi, foi... Daqui a nove meses você verá!...
Do lado de lá da parede houve um rumor de alarme. E a Augusta, de cá, pôs mais achas no lume.*
—Ó Zé, está aí o Gustavo?
—Quem?!
—O Gustavo. É que a Glória desapareceu daqui...
—Está, está...—e uma gargalhada acompanhou a resposta.
—Vai pentear macacos! Se cuidas que nasci ontem, enganas-te! Sois todos da mesma raça...
—Digo-te que sim, e não acreditas! Dorme que nem um serafim! Ora anda cá ver...
Nova risota atravessou a parede.
—Cose-te!
—Não sejas malcriada, rapariga! Então mas a Glória pisgou-se?* Teria ido mijar...
—E-e-e-ele dá-á-lhe o mi-i-ijo...—gaguejou a Lapadas, a chorar de riso.
—Você também gagueja quando se vê naqueles assados,* ó tia Virgínia?
—Na-a-ão...
Se na cardenha lavrasse um incêndio, não haveria em todos maior alvoroço. Os mais sonolentos, que a princípio, irritados com o falatório, pediam silêncio e sossego, acabavam por enten-

der a causa da excitação e passavam do letargo a uma espertina ávida e vasculhadora. Queriam saber pormenores, faziam comentários grossos, davam gargalhadas consoladas.
A Angélica ria-se também, a tomar o melhor partido que podia. Uma vez que o segredo estava descoberto, a saída era ver as coisas galhofeiramente.
—E há quanto tempo eles nos andarão a comer as papas na cabeça!...*—insinuou a Olívia, que sempre invejara a Glória.
—Não, ontem dormiu ela aqui, de certeza.
Começou então o inventário meticuloso à vida quotidiana dos dois. Analisavam-se pormenores significativos, desfaziam-se confusões, cada qual dava a sua achega esclarecedora. As dúvidas começavam ao chegar à noite do baile. Aí as memórias enevoavam-se novamente dos vapores do vinho fino e da tontura das danças, e ninguém punha a mão no fogo por eles.*
—É capaz de ter sido nessa altura!—aventou a Augusta, à frente da devassa,* ciosa de manter o primeiro lugar que lhe cabia na descoberta do escândalo.
—Ó rapariga, mas para que te metes tu a adivinhar?—tentou ainda a Angélica, num derradeiro esforço.
—Se calhar foi vossemecê que os chegou,* e está agora a encobrir...
—Vê lá como falas!
Era impossível, porém, pedir sentimentos de compostura e medida no meio daquela algazarra e desvairamento.
—Ai! minha rica mãezinha!...
—Já não chamou pela mãe!...* Se fosses tu, ó Elvira!...
A meia divisória deixava passar palavrões sensuais, que esparramavam cio e desejo de cada sílaba, numa violência quente, de mosto a ferver nos tonéis.
—Calai-vos!
O Raimundo chegara à porta e vislumbrava no lusco-fusco o vulto dos fugitivos a regressar.
—Calai-vos, que eles vêm aí...
Num cruel acordo instintivo todos emudeceram, como se um sono profundo os·tivesse adormecido sùbitamente. Um gozo íntimo, demoníaco, fazia-os sorrir dissimuladamente, e abafavam nas mantas os soluços mais vivos.
—Isto é melhor do que trinta vindimas...—não se conteve o Zé ao ouvido do Chico.

Escândalo na Cardenha

—Chiu...

Zelavam ferozmente aquela felicidade que o acaso lhes proporcionava sem trabalho e sem rogo. A vida era-lhes tão avara, vendia-lhes tão caro a mais pequena satisfação, que uma hora assim, plena, transbordante, valia mil tesoiros.

—Parecem dois pombinhos...

—Ou te calas, ou rebento contigo!

O silêncio voltou de novo, vigilante e contido. E foi nele que a rapariga entrou, a esgueirar-se por entre as companheiras, à luz imprecisa da alvorada. O rapaz chegou pouco depois. E quando ambos respiravam a paz de mais um triunfo sobre os homens e os seus mandamentos, como uma bomba, a cardenha explodiu:

—Ó anjo abençoado! Ó amor do meu coração! Ó riqueza da minha vida!

Eram enormidades terríveis, gritos lúbricos, carícias voluptuosas na palha, suspiros desavergonhados e sujos. Imitavam gemidos e gestos de prazer, numa terrosa animalidade desbocada.

—Outra vez, rica filha! Mais um beijinho!

—Dói-me...

Cada comentário arrancava uma nova risada ao auditório. Desbragados, os homens não tinham mão na língua nem nos sentidos.* Até o Chico, apesar de criança,* entrava na festa afrodisíaca, só a intuir a significação dela.

—Devagar, queridinho!

As mulheres riam-se também, um pouco coagidas pelo desbordar sexual com que não contavam. Mas riam, num acordar impetuoso de forças em repouso, há dias, há anos, ou sepultadas ainda numa virgindade contrafeita.

—Ai, que se me revira a vista!

A primeira reacção do Gustavo, passado o pasmo que o paralisou, foi lutar. Foi erguer-se e ir esmagar o autor do primeiro grito. Mas uma chuva de sarcasmos caíu-lhe a seguir em cima como uma avalanche de opróbrio. E acovardou-se.

Glória, às primeiras risadas, pôs-se a chorar. E os dois formavam uma ilha de angústia naquele inferno, que nem a ternura da Angélica podia sequer refrescar.

Felizmente que uma saudável reacção começou a nascer em ambos. Eram novos, amavam-se, tinham-se dado um ao outro livremente. Sabiam na raiz do corpo e da alma que nada mais os

71

podia separar. E isto dava-lhes força, segurança e coragem. Coube a Glória a primeira palavra decisiva.
—Foi verdade! E que tem isso? Fizemos alguma coisa que a outra gente não faça?
Do lado de lá, Gustavo seguiu-lhe o exemplo:
—É assim que geme a sua mulher, ó tio João?
—Tu respeita quem é mais velho!
—Se quer que o respeitem, guarde respeito aos outros.
—Bem, bem, acabou-se!—atalhou o Jacinto.—Não vale a pena haver zangas...
Um bom senso natural entrou então na cardenha com a clara luz da manhã. O galo cantou mais uma vez a anunciar o dia. As perdizes chamavam-se, namoradas, pelas encostas. O trabalho pedia a todos novamente os membros descansados e submissos.
—Ou o padre tem algum coisa que ver com isto?—refilou, teimosa, a rapariga, a responder aos remoques das solteironas mais puritanas.
No seu ninho quente, a Angélica sorria por debaixo das rugas.
—Isso é verdade.
—Pois então...
Apesar da lógica com que o acontecimento era agora apresentado, e de muitos terem calado a boca, alguns não se deixavam convencer e ganiam ainda, quando a voz do Seara, imperativa, chamou lá de fora:
—Eh, pessoal, são horas! Toca a andar!*
Como que abafada por um balde de água, a fogueira apagou-se. Já sem a alegria de há pouco, foram-se levantando um a um, numa resignação de bois condenados ao jugo eterno. E assim penetraram na vinha orvalhada e madura.

(from *Vindima,* 4th revised edition, 1971)

José Cardoso Pires

José Cardoso Pires was born in Pêso in 1925 and brought up in Lisbon. He tried a number of professions before taking up journalism. His stories and novels, few in number but carefully considered, have appeared at regular intervals since 1946.

The two passages which follow both show this author's gift for condensing a wealth of moral and social implications into scenes which have their own logic and tension. Thus the symbolism and sharply ironic contradictions remain effective yet unobtrusive.

Renda de Peniche

Neste meio tempo apareceu a rondar por ali um miúdo de São Romão, uma destas criaturas que trazem um casaco de homem a dar-lhes pelas canelas, a ponto de se julgar que andam nuas por baixo, só com aquilo.

O miúdo ficou de longe* em face da cena que se estava a passar, e não ficou ali por ver uma mulher a beijar um homem: isso é das tais coisas que acontecem quando menos se esperam. Nem tão-pouco porque se espantasse grandemente de ver uma senhora de calças e a fumar: passava por Peniche muito turista estrangeiro que fazia o mesmo ou ainda pior, e ele já tinha ido várias vezes a Peniche. A verdade era outra. O garoto parara ali, sim, mas por uma razão muito dele: porque trazia um recado importante. Esperto como era, lá resolveu que o melhor que tinha a fazer era pôr-se de largo e só se apresentar quando tudo estivesse em ordem. Calma, portanto.

Se bem o pensou melhor o fez.* E quando veio ao pé dos viajantes estendia uma amostra de renda na palma da mão. Era o recado.

—Renda de Peniche.* Manda a minha irmã...

—Mas isso nem está acabado,* pequeno.

—Não demora. A minha irmã vai comprar linha e faz o que for preciso. Renda para lençóis, renda para almofadas... para tudo o que a senhora quiser. A minha irmã já trabalhou para fora.*

—Deixa, não vale a pena.

—Compre lá, senhora. Uma renda de almofada custa trinta escudos, um lenço são dez e quinhentos.* É barato, senhora. Leve dois lenços... quinze escudos dois lenços.
—Escusas de teimar que não queremos.
—Nós já temos dessas rendas, disse o homem.
—Mas leve, senhora. Leve lá. Dois lenços por quinze escudos, senhora. É barato.
—Não te canses que não vale a pena.
—Então compre o senhor. Faço-lhe treze escudos, pronto.* A minha irmã disse para fazer treze escudos. É barato, só o fio custa sete e quinhentos.

Sabe-se como são as crianças—o melhor é não responder. E foi o que eles fizeram. Deixaram-no e foram andando para o carro. Punham, assim, ponto final na questão.

O garoto ficou como se calcula: desiludido, de braços caídos. Resignado, tornou a embrulhar a renda no pedacinho de jornal mas percebendo que os visitantes se demoravam junto do automóvel arrebitou as orelhas.* Não se iam embora, afinal. Tinha o resto da tarde à sua frente para os tentar com o pequeno isco de fio que a irmã preparara em casa.

Viu mais ainda: que o homem estava enxuto, embora a luzir de óleo ou fosse do que fosse, e que aos pés dele se alinhavam as barbatanas,* a máscara e a espingarda dos caçadores submarinos. Ia ao mar, era o que era. E o garoto duvidou: 'A esta hora?' Voltou-se para as falésias, avaliou as águas: 'Na vazante?* E quem sabe se a vazante não é o melhor para aqueles aparelhos?'

Então, a passo cauteloso, de cão batido, foi-se chegando. Tinha um grande desejo de admirar tudo aquilo de perto, o arpão, as barbatanas, os tubos de ar e, principalmente, a faca que o caçador da cidade acabava de pôr à cinta. Mas não podia esquecer a mercadoria que trazia consigo, esse sinal caprichoso envolvido num papel—e compreendeu que não podia distrair-se. O seu entendimento de criança que faz pela vida* dizia-lhe que os homens são mais desprendidos e mais largos em dar do que as mulheres; por conseguinte, ao ataque e já.* Devia aproximar-se, voltar à carga, por muito acanhamento que sentisse. 'Vamos?', disse.

Pôs-se a rondar, distraído aqui, de orelha fita mais adiante, mas sempre alerta, sempre de faro levantado. Quando os outros

Renda de Peniche

menos esperavam, tinham-no à perna, a cautelosa distância, bem entendido, e mudo e de olhos baixos.
—Outra vez?—protestou a rapariga.
Ele é que não se deu por vencido. Corado até à raiz dos cabelos, fincou ainda mais os olhos no chão. Resistia, como lhe era possível, àquela voz e àquelas presenças (e também aos aparelhos que tanto o atraíam).
Estava nisto quando lhe saltou diante dos olhos uma moeda de prata a rebrilhar. Dez escudos, uma rodela de luz, pesada, imperiosa. E era o cavalheiro da cidade, era o dono do carro cor de fogo e do tesouro de facas e arpões que lhe acenava com ela e lha deixava na palma da mão.
—Para a tua irmã...
Recebeu a oferta a medo, sem coragem para agradecer. Murmurou apenas:
—Daqui a bocado trago a renda—E fugiu a sete pés para São Romão.*
—Deixa lá a renda—,*gritou-lhe a jovem a despedi-lo.
Tinha voz áspera, de mando. Guida e quase toda a gente de boas famílias faziam gala num tom áspero de voz.
'Grosseiras como duquesas'. Sempre que ouvia vozes como aquela, o homem do carro comentava da mesma maneira: 'Grosseiras como duquesas do século de oiro.'
Considerava que muito disso era ainda resultado duma herança ou duma saudade dos tempos em que os fidalgos 'existiam'; dos tempos em que eram chefes populares e lidavam com os filhos da terra como senhores escutados e atendidos.
—Não me diga que a desgraçada vai mesmo fazer a renda—,tornou a voz grosseira.
—Não me admirava,* Guida.
—A sério?
—Só se não tiver tempo para isso, verá. De contrário, temos aí o miúdo outra vez. É preciso não esquecer que ainda faltam três escudos. Ele falou em treze, não foi?
—Quem, o garoto?—A jovem pousou o olhar nas pedras humildes, a seus pés:—E eu que abomino rendas. Fazem-me lembrar uma data de velhas à braseira, a ratarem na vida do próximo.*
—A mim agora—,disse o companheiro, lembram-me a irmã do garoto. Irá de propósito a Peniche para comprar a linha?

Guida voltou o rosto pensativo para a aldeola de São Romão.
—O mundo—,pôs-se ela a murmurar em voz lenta,—é às vezes tão triste.
Eram duas da tarde. Hora da baixa-mar.

(from O *Anjo Ancorado,* 1958)

Amputação

Este (diria mais tarde o sargento enfermeiro) não suspeita, nem de longe, a sorte que lhe está reservada. A má sina levara-o para sítios nunca sonhados e ele, esquecido numa enfermaria, tremia de febre e de pavor, desprezado pelo mundo.
—Ai eu...—, lastimava-se, a chamar as atenções do mundo.
Alta noite, chegou o cirurgião da cidade com a sua comitiva. Vinha ele, vinha o médico do quartel e vinha igualmente um sargento enfermeiro. Não faltava sequer o oficial de serviço, de pistola e braçadeira.*
O sargento destapou o ferido, o cirurgião viu a perna inchada, enorme e coberta de sangue seco, e endireitou-se rodeado de todo o silêncio. Perguntaram-lhe se queria que tirassem a bota ao infeliz, que a cortassem para sair melhor; respondeu que não—e inclinou-se novamente sobre a marquesa.* Procurava o pulsar de uma artéria na dobra do joelho.
Finalmente chegou a uma conclusão, àquela que o sargento, o tenente e o enfermeiro há muito temiam. E disse:—Vamos!—e todos lhe obedeceram.
Saíram à porta de armas,* a passo vagaroso. À frente iam os médicos, trocando opiniões, a seguir o sargento e, por último, o Portela numa maca levada pelos dois faxinas de bata branca.* Não se ouvia um pio de ave, não corria uma aragem. Os morcegos, que no verão rasam as janelas tardias da praça, naquela noite estavam recolhidos, suspensos de cabeça para baixo nos tectos das suas tocas.
Os soldados da enfermaria jamais poderiam esquecer a imagem da Vila adormecida atravessada por um cortejo lento, quase secreto. Recordariam por muito tempo a aparição do velho, na altura em que deixavam o quartel, e o silêncio que também

Amputação

envolvia o seu perfil. Quase não se mexera, era uma mancha nocturna como tantas outras, ao longo do desfile de todos eles.

Voltariam a encontrá-lo, mais de frente, recortado num portal, quando passaram por ele com a maca. Mas até dessa vez foi um instante de presença, um relance.* Depois nem isso; aquela figura de salteador tresnoitado, olhos acesos, barba de espinhos e caçadeira a tiracolo, ficou reduzida pràticamente à condição de sombra, ao apagamento com que se consideram as sombras dum caminho sem perigos.

No entanto, o espectro agreste de Aníbal (agreste como uma piteira, como um penhasco) não deixaria dali em diante de seguir o amigo na solitária procissão em que o levavam. Segui-lo-ia à distância, como um cão receoso, cosido com as paredes e parando de esquina a esquina para não se aproximar demasiado. Os maqueiros sabiam que o traziam no rasto, adivinhavam-no, não precisavam sequer de o procurar.

Entre o quartel e o hospital da Misericórdia, entre a saudação da sentinela à porta de armas e as mãos de cera de uma freira que os levou à sala de operações, a travessia da vila foi uma marcha solene comandada pelo zumbido contínuo dos médicos. Esses mesmo procuravam não perturbar as trevas, falando muito baixo, de coisas estranhas e em termos tão complicados como a caligrafia das suas receitas ou os responsos dos padres. Discutiam—julgavam os soldados cá atrás—se deviam levar o doente à faca* ou se lhe deixariam a bala no corpo, como aconteceu a muitos combatentes da primeira grande guerra. Estariam a combinar a maneira de lhe poupar mais sofrimentos? Os maqueiros davam tratos à imaginação para traduzir a conversa dos médicos.*

Muito depois, quando os mesmos soldados da bata branca regressavam com o ferido ao quartel, era quase manhã. Havia gente, movimento na estrada; rebanhos que seguiam pelo bordão do pastor, carroças que abalavam para o dia a dia da lavoura,* luz ensonada nos cafés vazios, por abrir. Mas os dois colegas da bata vinham tristes, enfiados, porque não conseguiam esquecer a perna inteira, ainda com a bota calçada, que tinham visto num balde da sala de operações.

—E agora? perguntavam um ao outro, só com os olhos.

Agora é aquilo. Têm-no acolá, de novo na enfermaria, numa cama modesta, muito branca. Reparem: está desmembrado, um resto de homem; encontra-se alheio a si mesmo, debaixo da anestesia.

Apareceu o oficial de serviço que perguntou:—O homem?—Os faxinas da enfermaria levaram-no à cama e mostraram-lhe o coto envolvido em ligaduras. O oficial regressou ao gabinete.

Veio depois o sargento. A mesma coisa:—O homem?—Os serventes mostraram-lho e ele partiu. Veio inclusivamente um alferes e, para terminar, o soldado da guarda que, horas antes, fizera companhia ao ferido juntamente com os dois faxinas e que acabava de sair do seu quarto de sentinela. Esse sabia tudo. Tinha encontrado à porta de armas um velho sentado a chorar.

—Um fulano de caçadeira? Era o amigo.

—Vi-me à rasca com ele—,* contou a sentinela.—Agarrava-se com tais ganas ao portão que tive de chamar o cabo da guarda. É duro... Um homem inutilizado para o resto da vida, é duro.

—A bala apanhou-lhe uma artéria—, explicou um dos soldados da enfermaria.

E o outro, Rapa-Tacho:

—Uma artéria é o diabo. Quando acontece uma coisa destas não há remédio possível...—Parecia desculpar-se, falando com os olhos no chão:—Agora ainda não é nada. O pior vai ser quando acordar. Diz o nosso sargento que as pessoas continuam durante muitos dias a julgar que têm perna, braço ou seja lá o que perderam.* Chegam a sentir dores, vê tu. Já pensaste o que é ter dores numa coisa que não existe? Procurar aqui e não achar nada?

Era triste e cómico vê-lo dizer isto. Espetava a cabeça rapada e miúda, e batia na perna.

—Já pensaste?—, insistia.

Ele e o outro servente andavam assombrados com as dores fantasmas, com os membros fantasmas que continuam a pesar e a doer, mesmo depois de desligados do corpo a que pertenceram e de apodrecerem, numa fossa ou num balde de esmalte, ainda com botas e tudo.

A isto—esclareciam—só aos médicos cabia responder; ou ao sargento, que não era um simples recruta mas um enfermeiro com diploma. Eles, soldados de faxina à enfermaria, pouco ou nada podiam adiantar. Atormentavam-se, procurando uma justificação para tão misterioso flagelo.

—Já pensaste?—, perguntavam ao soldado da guarda.

Amputação

O outro, militar desprevenido, arrepia-se com o que acabam de lhe contar. Senta-se numa cadeira, olhos no chão, abanando a cabeça tristemente.

—Gaita—,* diz quase num sussurro.

A manhã, com o seu clarão pálido nas vidraças, envolve-o pelas costas. É um visitante pensativo, silencioso agora; e abandonado. Os serventes deixaram-no. Andam lá dentro, noutro quarto, preparando o café da enfermaria, café mais forte e mais saboroso que o do rancho.* E na ausência deles a luz cresce à volta do soldado, espalha-se pelo soalho, envolvendo as botas negras, a cadeira. Já não é claridade apenas; é sol, um brilho ainda frio, mas vivo.

Quando os dois faxinas regressam à sala, esvoaçando nas batas brancas atrás de uma cafeteira a fumegar, o soldado-sentinela está na mesma.* Permanece sentado, afagando o capacete de aço que tem sobre os joelhos—e rodeado de luz.

—Vamos ao alcatrão—,* gritam-lhe os outros; e puxam-no para uma mesa de ferro, ao pé da janela.

Sentam-se os três, os serventes bebendo por copos, o soldado pelo cantil.

—E ainda há quem diga que a vida na enfermaria é uma peluda—,* lastima-se o Rapa-Tacho. Repara no soldado da guarda: lá o tem outra vez esquecido, o cantil entre os dedos. Acorda-o:

—Bebe isso, lanzudo.*

Mas o homem, em vez de obedecer, aponta para a cama do ferido:

—Se calhar ainda lhe dão alguma porrada.*

—A esse? Não me admirava muito. Não respeitar o fogo é contra os regulamentos.*

—Uma porrada grande?

—A que eles quiserem. Bebe isso, pá.*

Os faxinas espreguiçam-se, diante dos copos vazios. 'Aaa...,' roncam em coro, bocejando à boca larga.

—Deixa-me ir indo—, diz o soldado, encaminhando-se para a porta.

—E o café? Não bebes?

—Na caserna, quando me deitar.

De cantil na mão, atravessando a parada por entre recrutas madrugadores que se dirigem às retretes, em alpargatas e tronco nu, o soldado da guarda começa a sentir os dedos húmidos, mornos. Sabe que é o café a escorrer, ouve-o salpicando o chão, traçando uma linha delicada até à caserna. O conforto desse calor agrada-lhe. Demora-se um instante para abrir o peito, com alívio, à frescura da manhã, e, parado, é sacudido pela ira dum clarim que toca à alvorada.

Então levanta as abas do capote e segue.

(from *O Hóspede de Job*, 1963)

Castro Soromenho

Fernando Monteiro de Castro Soromenho was born in Chinde, Mozambique in 1910, but spent his early childhood in Angola and his school years in Portugal. He subsequently worked as a colonial administrator and as a journalist in Angola, and later returned to Portugal to run a publishing business. His opposition to the Salazar regime obliged him to leave the country in 1960 and he died in Brazil in 1968, having written four novels and several collections of stories.

The passage presented here provides a good illustration of the warm and by no means paternalistic sympathy for black Africans which pervades his later novels.

O Mulato João

Na manhã cheia de sol, o mulato João vinha a subir a rua, de mãos afundadas nos bolsos das calças, a camisa aberta no peito. Com um jeito malandro cuspiu a ponta do cigarro e começou a assobiar uma modinha dos 'calcinhas'* de Luanda. Passou ao largo da loja de Manuel Pancário, cheia de negros encostados ao balcão e acocorados na varanda ao lado de cargas de cera, e encaminhou-se para a casa do pai. Um rafeiro saiu-lhe à frente e ele levou-o aos pulos dando estalos com os dedos. Saltaram para a varanda, o cão correu sobre uma galinha e ele entrou a gingar na loja.* Viu o pai atrás do balcão, de costas voltadas para a porta, a arrumar as prateleiras. Sem se voltar, o comerciante perguntou:

—Então, rapaz?

—Foram todos pró seu Manel.*

José Calado voltou-se para o filho, espalmou as mãos no balcão e disse-lhe, sacudindo as palavras:

—Nem pareces meu filho! Então tu deixas os homens irem para lá?

Mas mal tinha acabado de falar e já um peso de quilo vinha no ar. Passou-lhe rente à cabeça e fez um buraco na parede de adobe.

—Puxa!—e o mulato saltou para a varanda.

—Seu vadio! Bem se vê que és atravessado!—e fez menção de saltar o balcão,*' como esquecido da sua perna manca.

—O senhor é que fez*—atirou-lhe o filho, já na rua.
—Espera que eu te digo, malandro!—e José Calado arrastou-se, manca-que-manca, ao longo do balcão.
—Espera, espera, malandro!
O mulato ia a safar-se para o mato, quando ouviu a voz da mãe.
—Você panhou eles,* Jão?
—Não panhou, mamãe. Ficou no seu Manel. Pai tá com raiva. Me quer machucar. Não pode pegar eles, não.
O comerciante, ao ouvir a negra, voltou a arrumar as prateleiras, onde a fazenda escasseava e os rolos de tabaco para o gentio formavam pilhas.
—Deixa—disse a negra ao filho.—Tem doce de ginguba* na cozinha.
Saiu da porta para o mulato poder passar e, de mãos nas ancas largas e redondas, deixou-se ficar na varanda, a espiar para a casa do Pancário, trinta metros abaixo.
—Eh meu gente!—disse ela abrindo os olhos, a iluminarem-lhe a cara bolachuda, ao ver muitos negros na loja do vizinho.
José Calado veio à porta, a arrastar a perna inchada.
—Eia, que veio mais gente!—admirou-se ele, metendo os dedos de unhas negras nos cabelos revoltos, caídos sobre a testa estreita.
—Tem gente que não caba mais!*—e a negra Francisca olhou para o seu branco.—Você tá ficando pra trás.
—Diz isso ao teu filho.—E o Calado mancou para dentro da loja, mal humorado.
Francisca é que não arredava pé da varanda, seguindo o movimento dos mercadores negros.
—Cera não falta, não...—comentou ela.—Sorte não tem.
Um velho viu-a de longe, da varanda do Pancário, e acenou-lhe um adeus.
—É Capolo, mesmo ele!—E Francisca ficou muito satisfeita por ter reconhecido o antigo soldado que conhecera na sua terra, quando era lavadeira e amásia do sargento da Companhia de Infantaria de Malanje.
—Jão!—chamou ela.—Minino, chega, chega!—E pôs-se a acenar ao velho com as duas mãos muito abertas.
—Que tem?—perguntou o mulato, vindo a correr do quintal, a limpar à camisa as mãos sujas de doce.
—É Capolo tá lá. Pega ele, Jão.
—Não vai vir, não, mamãe.

O Mulato João

—Pega ele, pega, minino. É amigo do antigo...
João foi ao encontro do antigo soldado, que se pôs a rir para ele com os dentes podres. Estava acocorado ao pé das suas bolas de cera, de dorso nu e de pano aos quadris.
—Mamãe chama—disse o mulato.
O velho riu-se e indicou-lhe com os olhos as bolas de cera.
Depois, disse-lhe na língua da terra que iria ver nha* Francisca logo que fizesse o negócio. Aproximaram-se vários negros, a olharem desconfiados para o mulato, que falava ao velho com um ar importante, estendendo a cada palavra o beiço grosso e coberto de penugem.
—Tem pano bom—aliciava o mulato.
O negro velho percebia bem o português, mas já se tinha esquecido de o falar, por isso lhe respondia na sua língua, voltando a assegurar-lhe que iria ver a mãe, mas depois de permutar a cera. E ria-se, com a boca muito aberta e fedorenta. E os outros, que tinham feito círculo à volta deles, também se puseram a rir. Então, o mulato enfureceu-se, abriu caminho aos empurrões e virou-lhes as costas. A sua atitude fez o velho soltar uma risada, logo abafada pelas gargalhadas dos companheiros. João voltou-se de repente para eles, o cenho carregado, e fez-lhes um manguito.*
—Negros! Servages!—gritou-lhes, repetindo várias vezes o gesto.
E todos os negros que estavam na varanda e na rua se puseram a rir às gargalhadas, embora não percebessem o significado do gesto do mulato. Só o antigo soldado o conhecia e, por isso, ria de outra maneira.
O fulo* Mariano veio à porta da loja para ver do que se tratava.
—Que tem, Jão?—perguntou ele.
Mas o mulato nem se voltou, aproximando-se de casa.
—Você tá cambolar*—gritou-lhe Mariano.
—Só se é tua rapariga!
Francisca largou a rir às gargalhadas, toda dobrada para a frente, as mãos nas ancas.
—Tu é mêmo meu fio*—disse a negra, a chorar de tanto rir.
—Logo pego tu—ameaçou Mariano.
—Pega é gaita,* seu negro!
—Espera só.
Mas Mariano entrou na loja, acudindo ao chamado de Manuel Pancário.

—Corta—mandou o comerciante, fazendo rolar sobre o balcão uma bola de cera.

Com um golpe de catana, Mariano abriu a bola ao meio e espetou a lâmina nas calotas, várias vezes, aqui e ali.

—Tá boa, patrão—e pôs a cera na balança.

O dono da cera riu alto, sem tirar os olhos da balança, todo satisfeito porque a sua bola estava limpa. E o fulo continuou a cortar as bolas, verificando cuidadosamente se a cera não trazia terra, pedacitos de madeira ou qualquer porcaria que lhe aumentasse o peso.

Pancário, com a cara chupada e verde a pingar suor, de mangas arregaçadas, olhava discretamente para as mãos dos negros que estavam encostados ao balcão, não fosse algum fazer mão baixa a qualquer ninharia,* e ia pesando a cera, pondo-se nos bicos dos pés sempre que queria verificar o fiel da balança. Os negros riam-se todas as vezes que o viam crescer na ponta dos pés. Mas mesmo assim, ele ficava abaixo, aquém da cabeça dos negros.

Verificada a pesagem, dois quilos certos, o comerciante desmarcou a balança e disse alto para o filho:

—Um quilo e oitocentas. É para o Capinda.

Ao ouvir o seu nome, o negro confirmou, abrindo-se num riso:

—*Euá!**

—O mulato deixou de roer a ponta da caneta e fez o registo com os seus números muito redondos e o nome em letra cheia.

—Não te enganes, rapaz—recomendou Pancário, o que sempre fazia depois de instruir o filho sobre o peso.

—Tá certo.—E o mulato descansou a caneta no frasco da tinta e começou a enrolar um cigarro.

Capinda afastou-se da balança para dar lugar a outro vendedor e foi encostar-se ao balcão, a olhar para as peças de fazenda que estavam nas prateleiras, umas em cima das outras, até ao tecto. Esperou que o Lucano ultimasse o seu negócio, para escolher a fazenda que queria, apontando esta e aquela a José, que lhas ia mostrando sem tirar as peças da prateleira.

Antes do ambaquista* passar a peça escolhida ao patrão, o negro Lucano quis apalpar a fazenda e mirou-a por todos os lados. Depois, mostrou-a ao companheiro do lado, pediu-lhe conselho, voltou a apalpá-la e foi vê-la melhor contra a luz.

—É boa. Tua mulher vai gostar—disse o ambaquista José, desdobrando mais a peça e convidando-o a ver bem, porque

O Mulato João

depois da fazenda cortada tinha de ficar com ela. O comprador decidiu-se, mas já a olhar para outra peça:

—*Euá,* Jusa.

—Três panos, patrão—e José passou a fazenda ao Pancário.

Voltado bem de frente para Lucano, o comerciante começou a medir os panos, a braças,* os braços bem abertos. O negro riu-se, satisfeito. Mas os braços de Pancário baixaram um pouco ao largar uma ponta para medir a segunda braça, recuando a mão. Ao cabo de seis braçadas, com a fazenda a tapar-lhe o corpo, atirou os três panos unidos, com menos um palmo em cada braça, para cima do balcão. O negro foi ver a fazenda ao sol e voltou pedindo a José que a trocasse por uma outra amarela, que tinha visto no fundo da loja. Mas o ambaquista começou logo a censurá-lo, porque o que queria não era sério, que o tinha avisado para ver bem, que o pano escolhido era muito bonito, encarnado, como antigamente só os sobas* podiam usar. Lucano riu-se muito com a alusão ao tempo em que só os grandes chefes indígenas podiam vestir de encarnado, concordou que o pano era bom e foi dobrá-lo para um canto do balcão. Depois pediu o *tingo.* * Pancário, sem deixar de pesar a cera, queixou-se de que o sal estava muito caro, as agulhas também, e que tinham vindo poucos fósforos de Malanje. Mas o negro insistiu, já habituado à choradeira do branco. E ele deu-lhe uma caneca de sal, uma caixa de fósforos e uma agulha espetada num novelo de linha. Mas foi-lhe dizendo, muito alto para que os outros ouvissem, que o *tingo* ia acabar, os brancos de Malanje e das outras terras já o não davam, tudo encarecia e ele não estava ali para perder. À uma, todos protestaram, que sempre se deu *tingo* e que os brancos ganhavam muito. Depois puseram-se a elogiar o 'branco bom', que não era como os outros que não lhes davam fósforos e enchiam mal a caneca do sal.

—Está bem, está bem. Tragam mais cera e há *tingo*.

E de todos os lados se ouviu:

—*Euá! Euá! Euá!...*

Depois foi a vez de Capinda, que já tinha desistido dos panos, ambicionando um casaco usado. Pancário mandou-o entrar para o balcão e fez sinal a Mariano para o trazer debaixo de olho, e deixou-o escolher à vontade num fardo de roupa velha. O negro vestiu todos os casacos, mirou-se por todas as bandas e acabou por escolher uma casaca, cujas bandas de seda o impressionaram

muito. Já com a casaca vestida, perguntou ao José o preço. Pancário respondeu-lhe:
—Quarenta angolares.*
Capinda achou muito caro e pediu abatimento. O comerciante não cedeu e propôs-lhe um casaco aos quadradinhos brancos e pretos por trinta angolares. Mas o negro não largou mais a casaca, sem tirar os olhos das bandas. E, logo, foi à rua mostrá-la aos companheiros. Despiu-a a pedido do seu soba, que a mirou por todos os lados, apalpou-a, esfregou a seda na cara e voltou-a do avesso, dizendo-lhe que a pusesse assim porque ficava mais bonito. E ele assim a vestiu por cima do pano. Segundos depois, estava de novo na loja para comprar umas calças. Mariano e José largaram a rir, ao vê-lo com a casaca vestida pelo avesso. Disseram-lhe que não era assim que se usava, mas só depois de argumentarem com o voto do branco é que o Capinda se convenceu.
—Os servages não sabe nada—disse José ainda a rir.
Como as calças custavam vinte angolares, as mais baratas, e Capinda só tinha quinze, o ambaquista não lhas quis vender. Mas ele não largava o balcão, onde pusera todo o seu dinheiro.
—Dá fiado, mas recebe os quinze*—autorizou Pancário. E voltando-se para o filho:—Cinco angolares fiados ao Capinda.
José atirou-lhe umas calças e guardou o dinheiro. O mulato foi buscar à gaveta o livro dos fiados e, depois de longa busca, informou:
—Ele tá devendo doze angolar.
—Tira-lhe as calças, José—mandou o comerciante.—E passou uma descompostura em forma* ao ambaquista e a Mariano, porque não estavam atentos às dívidas.
Capinda andava na rua com as calças vestidas, muito largas e com umas poucas de dobras, todo pimpão, mostrando-as a toda a gente. Era a primeira vez que vestia calças e estava muito contente por lhe ter descoberto os bolsos.
Os negros soltaram grandes gargalhadas, quando José lhe tirou as calças, puxando-as pelas pernas.
Nesse momento, apareceu à porta da loja um sobeta,* muito alto e magro, com a barbicha branca espetada, de panos caídos até aos pés e um chapéu armado de oficial de marinha, com os doirados ainda vivos, empunhando uma lança. De todos os lados romperam exclamações. E não houve um só negro que não inve-

O Mulato João

jasse o chapéu que o sobeta acabara de comprar. Logo, o soba Caperemera saiu de entre os seus homens, arrastou pelo chão o cobertor de papa que trazia pendurado nos ombros, e entrou na loja a reclamar um chapéu igual. Mas como não havia outro, trouxe um guarda-sol, que abriu mal pôs pé na rua, olhando muito satisfeito e vaidoso para todos os lados. Mas não fez sucesso, porque sombreiros daqueles havia muitos, ao passo que chapéus com dourados era raro aparecerem. Só a gente da sua comitiva se mostrou contente, para o lisonjear.

A atenção dos negros desviou-se para a loja, onde Manuel Pancário estava a gritar, insultando toda a gente. E, logo, um negro veio a correr para a varanda e atrás dele dois bocados de cera, que foram cair na rua. Todos perceberam do que se tratava. O homem tinha tentado vender uma bola de cera com porcarias, mas Mariano dera logo com a coisa e avisara o patrão. E toda a gente começou a rir.

—*Cambuta* (pessoa baixa) tem olhos de bambi!*—disse um velho referindo-se a Pancário.

E estralejaram mais gargalhadas. O próprio negro que trouxera cera misturada com terra, começou a rir.

Só os homens do soba Caperemera não quiseram permutar a cera. Exigiram dinheiro, porque ainda não tinham pago os impostos. Pancário ficou contrariado, porque só gostava de negócio de permuta, mas não deixou de lhes comprar a cera. Só os pesos é que passaram a ter setecentos e cinquenta gramas por quilo e não lhes quis dar o *tingo*.

Os negros protestaram, porque *tingo* dava-se sempre, mas Pancário foi-lhes dizendo:

—Dinheiro é dinheiro; pano é outra coisa.

Eles ficaram aborrecidos, mas acabaram por concordar, depois da interferência do ambaquista em favor do seu patrão, que de facto dinheiro era dinheiro...

Quando o sino tocou na povoação alta, os mercadores negros estavam aviados e muitos já iam a caminho das senzalas, a passo estugado. Queriam chegar cedo para mostrar as compras às mulheres e aos amigos.

Só os homens de Caperemera é que não saíram de Camaxilo. Foram para o acampamento, na senzala dos sipaios,* com o seu soba. Acocoraram-se à volta das fogueiras, que os moleques ficaram a guardar, e entregaram todo o dinheiro a Caperemera. O soba meteu trinta angolares em cada caderneta do imposto indígena e guardou-as na sua bolsa de couro, para no dia seguinte ir à Administração. Dormiu toda a noite com a cabeça em cima da bolsa, embora um dos seus homens ficasse de guarda, porque aquela não era a sua terra e negros ladrões encontram-se sempre nas povoações onde há brancos.

Fechada a loja e feitos os apuros do negócio, Manuel Pancário foi sentar-se numa cadeira de palha, na varanda, porque já não sentia os pés, de tão doridos que estavam. Todo o dia sem se sentar, o olho vigilante na balança e nas mãos dos negros. Estava derreado.

—Bem bom!—disse ele a si mesmo, a pensar nos apuros do dia.—Isto vai bem...—e abriu a boca num riso largo.

O cansaço trouxe-lhe sono. Levantou-se e deu uns passos na varanda, porque não queria dormir. Mas voltou a recostar-se na cadeira, os pés dormentes, ombros doridos, e, segundos depois, cabeceava, ouvindo ao longe, confusamente, alguém falar em tom de zanga.

José Calado descompunha o filho:

—Vadio! Eu todo o dia aqui na loja e você na vadiagem. Mas espera, espera!—e pôs-se a saltar numa perna, gemendo quando a outra, trôpega e chagada, tocava o solo, em direcção ao filho.

—Não pega ele—gritou a negra Francisca, que veio a correr, rebolando-se toda, do fundo da varanda.

Calado encostou-se a arfar à ombreira da porta da loja.

—És de má raça! Sangue de negro!—gritou para o filho, que se pusera ao largo, a olhar para longe, como se alguma coisa o interessasse para as bandas da planície.

—É seu sangue—retrucou-lhe a companheira, pondo as mãos nas ancas.—Igualinho mêmo. Você é que fez ele.

—Cala-te!

—Cala nada. Não deixo pegar ele, não. É meu fio.

—O que ele é sei eu... Um vadiola.

—Tá minino.* Não pode pôr ele na loja, não.

—E eu? Eu sou algum negro?

—Seu serviço.

—Para encher você de panos, não?

—Tem pano, tem? Onde tá pano? Tem tempo deu minha pano.* Óia branco, tá podre—e mostra-lhe os velhos panos que a

O Mulato João

cobriam.—Véio como quê!* Minha missanga?* Onde tá missanga você falou? Não deu, não. É só fala, fala, fala!...
—Vai-te embora, mulher!
—Vai nada. Só trabaiá, pano não tem.
José Calado é que se foi embora, mancando e torcendo as mãos com desespero.
—Minino—chamou a negra—tem doce. Chega. Deixa esse. deixa ele, Jão.
Quando o mulato se aproximou da varanda, ela disse-lhe, metendo-lhe os dedos no cabelo:
—Tu é fio de branco. Eu pariu você na casa dele. Não é um calquer,* não.
O mulato não foi comer doce. Deu volta à casa, sentiu que o pai estava na loja trancada e meteu-se no capinzal que ocultava as traseiras da casa de Alfredo Anacleto. Ia ter com os filhos dos colonos, mulatos desocupados como ele, para irem até ao rio.
Encarrapitado na paliçada do quintal do colono, João chamou, em voz baixa, pelo Eugénio Anacleto. Mas foi a Maria, irmã de Eugénio, uma mulatinha de treze anos, quem lhe apareceu, vestida de encarnado, a saia muito curta, descalça. Fez-lhe sinal para que não falasse e foi ter com ele, espiando a cada passo para a porta da casa. Encostou-se à paliçada e levantou os olhos verdes e tristes para o rapaz. Ele meteu-lhe os dedos no cabelo, todo aos caracóis, e espreitou-lhe os seios a apontarem, muito tesos, nus dentro do vestido.
—Salta—convidou ela, com a voz mais meiga que ele tinha ouvido.
Era sempre com uma voz macia e langue que ela lhe falava, pondo-o tonto.
E foram, olhando para todos os lados, para trás da cozinha. Escurecia. João passou-lhe um braço pela cintura e puxou-a para o peito.
—Não me pega, Joãozinho—disse-lhe olhando-o nos olhos, mas não se mexeu.
—Machuco você, linda—e ele apertou-a muito.
—Não machuca, não. Me deixa...—e encostou-se mais.
E quando ele, todo a tremer, lhe procurou a boca, ela estendeu-lhe os lábios e fechou os olhos. Mas quando lhe sentiu as mãos nas coxas, sob o vestido, apertou muito as pernas e empurrou-o.
—Isso não!

Não se pôde libertar dos braços do rapaz, que eram como ferros nas suas costas. Estavam boca com boca.

—Me deixa... me deixa...—E Maria anichou-se toda nos braços dele.

—Ai linda! Linda...

Dobrou-a pela cintura, sentindo-lhe o ventre duro colado ao seu sexo, e meteu-lhe os lábios na boca.

—Maria!—gritaram de casa.

Ela desprendeu-se, passou as mãos pelo cabelo, ajeitou o vestido e foi a correr. João escapuliu-se pelas traseiras.

—Onde é que tu andas?—perguntou-lhe o pai.

—Foi só mijar ali, papá.

—Vem para casa. Não é preciso ir tão longe. Acende o candeeiro.

E o velho Anacleto encostou-se ao pilar da varanda, aberta ao vale, e ficou a olhar para a noite que vinha sobre Camaxilo.

(from *Terra Morta*, 1949)

Luandino Vieira

Luandino Vieira (José Vieira Mateus da Graça) was born in Vila Nova de Ourém in 1936, but moved to Angola with his parents while still an infant. His stories began to appear in literary journals in the mid-fifties, and he had already published two collections in 1963, when he was imprisoned for subversive activities.

In spite of the length of the story included here, we willingly acceded to the author's request that it be reproduced in its entirety. Otherwise, the fable's political message, presented with a delightful, sly irony, might perhaps be missed.

Estória da Galinha e do Ovo

> Para Amorim e sua ngoma:*
> sonoros corações da nossa terra.

A estória da galinha e do ovo. Estes casos passaram no musseque* Sambizanga, nesta nossa terra de Luanda.

Foi na hora das quatro horas.

Assim como, às vezes, dos lados onde o sol fimba* no mar, uma pequena e gorda nuvem negra aparece para correr no céu azul e, na corrida, começa a ficar grande, a estender braços para todos os lados, esses braços a ficarem outros braços e esses ainda outros mais finos, já não tão negros, e todo esse apressado caminhar da nuvem no céu parece os ramos de muitas folhas de uma mulemba* velha, com barbas e tudo, as folhas de muitas cores, algumas secas com o colorido que o sol lhes põe e, no fim mesmo, já ninguém que sabe como nasceram, onde começaram, onde acabam essas malucas filhas da nuvem correndo sobre a cidade, largando água pesada e quente que traziam, rindo compridos e tortos relâmpagos, falando a voz grossa de seus trovões, assim, nessa tarde calma, começou a confusão.

Sô Zé da quitanda* tinha visto passar nga Zefa rebocando miúdo Beto e avisando para não adiantar falar mentira, senão ia-lhe pôr mesmo jindungo na língua. Mas o monandengue refilava,* repetia:

—Juro, sangue de Cristo! Vi-lhe bem, mamã, é a Cabíri!. . .

Falava verdade como todas as vizinhas viram bem, uma gorda galinha de pequenas penas brancas e pretas, mirando toda a gente, desconfiada, debaixo do cesto ao contrário* onde estava presa. Era essa a razão dos insultos que nga Zefa tinha posto em Bina, chamando-lhe ladrona, feiticeira, queria lhe roubar ainda a galinha e mesmo que a barriga da vizinha já se via, com o mona* lá dentro, adiantaram pelejar.

Miúdo Xico é que descobriu, andava na brincadeira com Beto, seu mais-novo,* fazendo essas partidas vavô Petelu tinha-lhes ensinado, de imitar as falas dos animais e baralhar-lhes e quando vieram no quintal de mamã Bina pararam admirados. A senhora não tinha criação, como é ouvia-se a voz dela, pi, pi, pi, chamar galinha, o barulho do milho a cair no chão varrido? Mas Beto lembrou os casos já antigos, as palavras da mãe queixando no pai quando, sete horas, estava voltar do serviço:

—Rebento-lhe as fuças, João! Está ensinar a galinha a pôr lá!*

Miguel João desculpava sempre, dizia a senhora andava assim de barriga, você sabe, às vezes é só essas manias as mulheres têm, não adianta fazer confusão, se a galinha volta sempre na nossa capoeira e os ovos você é que apanha... Mas nga Zefa não ficava satisfeita. Arreganhava o homem era um mole e jurava se a atrevida tocava na galinha ia passar luta.

—Deixa, Zefa, pópilas!*—apaziguava Miguel.—A senhora está concebida* então, homem dela preso e você ainda quer pelejar? Não tens razão!

Por isso, todos os dias, Zefa vigiava embora sua galinha, via-lhe avançar pela areia, ciscando, esgaravatando a procurar os bichos de comer, mas, no fim, o caminho era sempre o mesmo, parecia tinha-lhe posto feitiço: no meio de duas aduelas caídas, a Cabíri entrava no quintal da vizinha e Zefa via-lhe lá debicando, satisfeita, na sombra das frescas mandioqueiras, muitas vezes Bina até dava-lhe milho ou massambala.* Zefa só via os bagos cair no chão e a galinha primeiro a olhar, banzada, na porta da cubata onde estava sair essa comida; depois começava apanhar, grão a grão, sem depressa, parecia sabia mesmo não tinha mais bicho ali no quintal para disputar os milhos com ela. Isso nga Zefa não refilava. Mesmo que no coração tinha medo, a galinha ia se habituar lá, pensava o bicho comia bem e, afinal, o ovo vinha-lhe pôr de manhã na capoeira pequena do fundo do quintal dela...

Estória da Galinha e do Ovo

Mas, nessa tarde, o azar saiu. Durante toda a manhã, Cabíri andou a passear no quintal, na rua, na sombra, no sol, bico aberto, sacudindo a cabeça ora num lado ora noutro, cantando pequeno na garganta, mas não pôs o ovo dela. Parecia estava ainda procurar melhor sítio. Nga Zefa abriu a porta da capoeira, arranjou o ninho com jeito, foi mesmo pôr lá outro ovo, mas nada. A galinha queria lhe fazer pouco, os olhos dela, pequenos e amarelos, xucululavam na dona,* a garganta do bicho cantava, dizendo:

>...*ngala ngó ku kakela*
>*ká... ká... ká... kakela, kakela...**

E assim, quando miúdo Beto veio lhe chamar e falou a Cabíri estava presa debaixo dum cesto na cubata* de nga Bina e ele e Xico viram a senhora mesmo dar milho, nga Zefa já sabia: a sacrista da galinha* tinha posto o ovo no quintal da vizinha. Saiu, o corpo magro curvado, a raiva que andava guardar muito tempo a trepar na língua, e sô Zé da quitanda ficou na porta a espiar, via-se bem a zanga na cara da mulher.

Passou luta de arranhar, segurar cabelos, insultos de ladrona, cabra, feiticeira. Xico e Beto esquivaram num canto e só quando as vizinhas desapartaram é que saíram. A Cabíri estava tapada pelo cesto grande mas lhe deixava ver parecia era um preso no meio das grades. Olhava todas as pessoas ali juntas a falar, os olhos pequenos, redondos e quietos, o bico já fechado. Perto dela, em cima de capim posto de propósito, um bonito ovo branco brilhava parecia ainda estava quente, metia raiva em nga Zefa. A discussão não parava mais. As vizinhas tinham separado as lutadoras e, agora, no meio da roda das pessoas que Xico e Beto, teimosos e curiosos, queriam furar, discutiam os casos.

Nga Zefa, as mãos na cintura, estendia o corpo magro, cheio de ossos, os olhos brilhavam assanhados, para falar:

—Você pensa eu não te conheço, Bina? Pensas? Com essa cara assim, pareces és uma sonsa,* mas a gente sabe!... Ladrona é o que você é!

A vizinha, nova e gorda, esfregava a mão larga na barriga inchada, a cara abria num sorriso, dizia, calma, nas outras:

—Ai, vejam só! Está-me disparatar ainda! Vieste na minha casa, entraste no meu quintal, quiseste pelejar mesmo! Sukuama!* Não tens respeito, então, assim com a barriga, nada?!

—Não vem com essas partes, Bina! Escusas! Querias me roubar a Cabíri e o ovo dela!
—Ih?! Te roubar a Cabíri e o ovo!? Ovo é meu!
Zefa saltou na frente, espetou-lhe o dedo na cara:
—Ovo teu, tuji!* A minha galinha é que lhe pôs!
—Pois é, mas pôs-lhe no meu quintal!
Passou um murmúrio de aprovação e desaprovação das vizinhas, toda a gente falou ao mesmo tempo, só velha Bebeca adiantou puxar Zefa no braço, falou sua sabedoria:
—Calma então! A cabeça fala, o coração ouve! Praquê então, se insultar assim? Todas que estão falar no mesmo tempo, ninguém que percebe mesmo. Fala cada qual, a gente vê quem tem a razão dela. Somos pessoas, sukua', não somos bichos!
Uma aprovação baixinho reforçou as palavras de vavó e toda a gente ficou esperar. Nga Zefa sentiu a zanga estava-lhe fugir, via a cara das amigas à espera, a barriga saliente de Bina e, para ganhar coragem, chamou o filho:
—Beto, vem ainda!
Depois, desculpando, virou outra vez nas pessoas e falou, atrapalhada:
—É que o monandengue viu...
Devagar, parecia tinha receio das palavras, a mulher de Miguel João falou que muito tempo já estava ver a galinha entrar todos os dias no quintal da outra, já sabia essa confusão ia passar, via bem a vizinha a dar comida na Cabíri para lhe cambular.* E, nesse dia—o mona viu mesmo e Xico também—,essa ladrona tinha agarrado a galinha com a mania de dar-lhe milho, pôs-lhe debaixo do cesto para adiantar receber o ovo. A Cabíri era dela, toda a gente sabia e até Bina não negava, o ovo quem lhe pôs foi a Cabíri, portanto o ovo era dela também.
Umas vizinhas abanaram a cabeça que sim, outras que não, uma menina começou ainda a falar no Beto e no Xico, a pôr perguntas, mas vavô mandou-lhes calar a boca.
—Fala então tua conversa, Bina!—disse a velha na rapariga grávida.
—Sukuama! O que é eu preciso dizer mais, vavó? Toda a gente já ouviu mesmo a verdade. Galinha é de Zefa, não lhe quero. Mas então a galinha dela vem no meu quintal, come meu milho, debica minhas mandioqueiras, dorme na minha sombra, depois põe o ovo aí e o ovo é dela? Sukua'! O ovo foi o meu milho que lhe fez,

Estória da Galinha e do Ovo

pópilas! Se não era eu dar mesmo a comida, a pobre nem que tinha força de cantar... Agora ovo é meu, ovo é meu! No olho!...*

Virou-lhe o mataco,* pôs uma chapada e com o indicador puxou a pálpebra do olho esquerdo, rindo, malandra, para a vizinha que já estava outra vez no meio da roda para mostrar a galinha assustada atrás das grades do cesto velho.

—Vejam só! A galinha é minha, a ladrona mesmo é que disse. Capim está ali, ovo ali. Apalpem-lhe! Apalpem-lhe! Está mesmo quente ainda! E está dizer o ovo é dela! Makutu! Galinha é minha, ovo é meu!

Novamente as pessoas falaram cada qual sua opinião, fazendo um pequeno barulho que se misturava no xaxualhar* das mandioqueiras e fazia Cabíri, cada vez mais assustada, levantar e baixar a cabeça, rodando-lhe, aos saltos, na esquerda e direita, querendo perceber, mirando as mulheres. Mas ninguém que lhe ligava.* Ficou, então, olhar Beto e Xico, meninos amigos de todos os bichos e conhecedores das vozes e verdades deles. Estavam olhar o cesto e pensavam a pobre queria sair, passear embora e ninguém que lhe soltava mais, com a confusão. Nga Bina, agora com voz e olhos de meter pena, lamentava:

—Pois é, minhas amigas! Eu é que sou a sonsa! E ela que estava ver todos os dias eu dava milho na galinha, dava massambala, nada que ela falava, deixava só, nem obrigado... Isso não conta? Pois é! Querias!? A galinha gorda com o meu milho e o ovo você é que lhe comia?!...

Vavó* interrompeu-lhe, virou nas outras mulheres—só mulheres e monas é que tinha, nessa hora os homens estavam no serviço deles, só mesmo os vadios e os chulos estavam dormir nas cubatas—e falou:

—Mas então, Bina, você queria mesmo a galinha ia te pôr um ovo?

A rapariga sorriu, olhou a dona da galinha, viu as caras, umas amigas outras caladas com os pensamentos e desculpou:

—Pópilas! Muitas de vocês que tiveram vossas barrigas já.* Vavó sabe mesmo, quando chega essa vontade de comer uma coisa, nada que a gente pode fazer. O mona na barriga anda reclamar ovo. Que é eu podia fazer, me digam só?!

—Mas ovo não é teu! A galinha é minha, ovo é meu! Pedias! Se eu quero dou, se eu quero não dou!

Nga Zefa estava outra vez raivosa. Essas vozes mansas e quietas de Bina falando os casos do mona na barriga, desejos de gravidez, estavam atacar o coração das pessoas, sentia se ela ia continuar falar com aqueles olhos de sonsa, a mão a esfregar sempre a barriga redonda debaixo do vestido, derrotava-lhe, as pessoas iam mesmo ter pena, desculpar essa fome de ovo que ela não tinha a culpa... Virou-se para vavó, a velha chupava sua cigarrilha dentro da boca, soprava o fumo e cuspia.

—Então, vavó?!... Fala então, a senhora é que é nossa mais--velha...

Toda a gente calada, os olhos parados na cara cheia de riscos e sabedoria da senhora. Só Beto e Xico, abaixados junto do cesto, conversavam com a galinha, miravam suas pequenas penas assustadas a tremer com o vento, os olhos redondos a verem os sorrisos amigos dos meninos. Puxando o pano em cima do ombro, velha Bebeca começou:

—Minhas amigas, a cobra enrolou no muringue!* Se pego o muringue, cobra morde; se mato a cobra, o muringue parte!... Você, Zefa, tem razão: galinha é sua, ovo da barriga dela é seu! Mas Bina também tem razão dela: ovo foi posto no quintal dela, galinha comia milho dela... O melhor perguntamos ainda no sô Zé... Ele é branco!...

Sô Zé, dono da quitanda, zarolho e magro, estava chegar chamado pela confusão. Nessa hora, a loja ficava vazia, fregueses não tinha, podia-lhe deixar assim sozinha.

—Sô Zé! O senhor, faz favor, ouve ainda estes casos e depois ponha sua opinião. Esta minha amiga...

Mas toda a gente adiantou interromper vavó. Não senhor, quem devia pôr os casos era cada qual, assim ninguém que ia falar depois a velha tinha feito batota,* falando melhor um caso que outro. Sô Zé concordou. Veio mais junto das reclamantes e com seu bonito olho azul bem na cara de Zefa, perguntou:

—Então, como é que passou?

Nga Zefa começou contar, mas, no fim, já ia esquivar o caso de espreitar o milho que a vizinha dava todos os dias, e vavó acrescentou:

—Fala ainda que você via-lhe todos os dias pôr milho para a Cabíri!

—Verdade! Esqueci. Juro não fiz de propósito...

Sô Zé, paciente, as costas quase marrecas,* pôs então um sorriso e pegou Bina no braço.

Estória da Galinha e do Ovo

—Pronto! Já sei tudo. Tu dizes que a galinha pôs no teu quintal, que o milho que ela comeu é teu e, portanto, queres o ovo. Não é?

Com essas palavras assim amigas, de sô Zé, a mulher nova começou a rir; sentia já o ovo ia ser dela, era só furar-lhe, dois buracos pequenos, chupar, chupar e depois lamber os beiços mesmo na cara da derrotada. Mas quando olhou-lhe outra vez, sô Zé já estava sério, a cara dele era aquela máscara cheia de riscos e buracos feios onde só o olho azul bonito brilhava lá no fundo. Parecia estava atrás do balcão mirando com esse olho os pratos da balança quando pesava, as medidas quando media, para pesar menos, para medir menos.

—Ouve lá!—falou em nga Bina, e a cara dela apagou logo-logo o riso, ficou séria, só a mão continuava fazer festas na barriga.—Esse milho que deste na Cabíri... é daquele que te vendi ontem?

—Isso mesmo, sô Zé! Ainda bem, o senhor sabe...

—Ah, sim!? O milho que te fiei ontem? E dizes que o ovo é teu? Não tens vergonha?...

Pôs a mão magra no ombro de vavó e, com riso mau, a fazer pouco, falou devagar:

—Dona Bebeca, o ovo é meu! Diga-lhes para me darem o ovo. O milho ainda não foi pago!...

Um grande barulho saiu nestas palavras, ameaças mesmo, as mulheres rodearam o dono da quitanda, insultando, pondo empurrões no corpo magro e torto, enxotando-lhe outra vez na casa dele.

—Vai 'mbora, güeta* da tuji!

—Possa! Este homem é ladrão. Vejam só!

Zefa gritou-lhe quando ele entrou outra vez na loja, a rir, satisfeito:

—Sukuama! Já viram? Não chega o que você roubaste no peso, não é, güeta camuelo?!*

Mas os casos não estavam resolvidos.

Quando parou o riso e as falas dessa confusão com o branco, nga Zefa e nga Bina ficaram olhar em vavó, esperando a velha para resolver. O sol descia no seu caminho do mar de Belas e o vento, que costuma vir no fim da tarde, já tinha começado a chegar. Beto e Xico voltaram para junto do cesto e deixaram-se ficar ali a mirar outra vez a galinha Cabíri. O bicho tinha-se assustado com todo o barulho das macas com sô Zé,* mas, agora, sentindo o ventinho

fresco a coçar-lhe debaixo das asas e das penas, aproveitou o silêncio e começou cantar.
—Sente, Beto!—sussurrou-se Xico.—Sente só a cantiga dela!
E desataram a rir ouvindo o canto da galinha, eles sabiam bem as palavras, velho Peteleu tinha-lhes ensinado.
—Calem-se a boca, meninos. Estão rir de quê então?—a voz de vavó estava quase zangada.
—Beto, venha cá! Estás rir ainda, não é? Querem-te roubar o ovo na sua mãe e você ri, não é?
O miúdo esquivou para não lhe puxarem as orelhas ou porem chapada, mas Xico defendeu-lhe:
—Não é, vavó! É a galinha, está falar conversa dela!
—Oh! Já sei os bichos falam com os malucos. E que é que está dizer?... Está dizer quem que é dono do ovo?...
—Cadavez,* vavó... Sô Petelu é que percebe bem, ele m'ensinou!
Vavó Bebeca sorriu; os seus olhos brilharam e, para afastar um pouco essa zanga que estava em todas as caras, continuou provocar o mona:
—Então, está dizer é o quê? Se calhar está falar o ovo...
Aí Beto saiu do esconderijo da mandioqueira e nem deixou Xico começar, ele é que adiantou:
—A galinha fala assim, vavó:

Ngëxile kua ngana Zefa
*Ngala ngó ku kakela**
Ka...ka...ka...kakela, kakela...

E então Xico, voz dele parecia era caniço, juntou no amigo e os dois começaram cantar imitando mesmo a Cabíri, a galinha estava burra, mexendo a cabeça, ouvindo assim a sua igual a falar mas nada que via.

...ngëjile kua ngana Bina
*Ala kiá ku kuata**
kua...kua...kua...kuata, kuata!

E começaram fingir eram galinhas a bicar o milho no chão, vavó é que lhes ralhou para calarem, nga Zefa veio mesmo dar

Estória da Galinha e do Ovo

berrida no Beto,* e os dois amigos saíram nas corridas fora do quintal.

Mas nem um minuto que demoraram na rua. Xico veio na frente, satisfeito, dar a notícia em vavó Bebeca:

—Vavó! Azulinho vem aí!

—Chama-lhe, Xico! Não deixa ele ir embora!

Um sorriso bom pousou na cara de todos, nga Zefa e nga Bina respiraram, vavó deixou fugir alguns riscos que a preocupação do caso tinha-lhe posto na cara. A fama de Azulinho era grande no musseque, menino esperto como ele não tinha, mesmo que só de dezasseis anos não fazia mal, era a vaidade de mamã Fuxi, o sô padre do Seminário até falava ia lhe mandar estudar mais em Roma. E mesmo que os outros monas e alguns mais-velhos faziam-lhe pouco porque o rapaz era fraco e com uma bassula de brincadeira* chorava, na hora de falar sério, tanto faz é latim, tanto faz é matemática, tanto faz é religião, ninguém que duvidava: Azulinho sabia. João Pedro Capita era nome dele, e Azulinho alcunhavam-lhe por causa esse fato de fardo* que não largava mais, calor e cacimbo,* sempre lhe vestia todo bem engomado.

Vavó chamou-lhe então e levou-lhe no meio das mulheres para saber os casos. O rapaz ouvia, piscava os olhos atrás dos óculos, puxava sempre os lados do casaco para baixo, via-se na cara dele estava ainda atrapalhado no meio de tantas mulheres, muitas eram só meninas mesmo, e a barriga inchada e redonda de nga Bina, na frente dele, fazia-lhe estender as mãos sem querer, parecia tinha medo a mulher ia lhe tocar com aquela parte do corpo.

—Veja bem, menino! Estes casos já trouxeram muita confusão, o senhor sabe, agora é que vai nos ajudar. Mamã diz tudo quanto tem, o menino sabe!...

Escondendo um riso vaidoso, João Pedro, juntando as mãos parecia já era mesmo sô padre, falou:

—Eu vos digo, senhora! A justiça é cega e tem uma espada...

Limpou a garganta a procurar as palavras e toda a gente viu a cara dele rir com as ideias estavam nascer, chegavam-lhe na cabeça, para dizer o que queria.

—Vós tentais-me com a lisonja! E, como Jesus Cristo aos escribas, eu vos digo: não me tenteis! E peço-vos que me mostrem o ovo, como Ele pediu a moeda...

Foi Beto, com sua técnica, que tirou o ovo sem assustar a Cabíri que gostava bicar quando faziam isso, cantando-lhe em voz baixa as coisas que tinha aprendido para falar nos animais. Com o ovo na mão, virando-lhe sobre a palma branca, Azulinho continuou, parecia era só para ele que estava falar, as pessoas nem estavam perceber bem o que ele falava, mas ninguém que lhe interrompia, o menino tinha fama:

—Nem a imagem de César, nem a imagem de Deus!

Levantou os olhos gastos atrás dos óculos, mirou cada vez Zefa e Bina, concluiu:

—Nem a marca da tua galinha, Zefa; nem a marca do teu milho, Bina! Não posso dar a César o que é de César, nem a Deus o que é de Deus. Só mesmo padre Júlio é que vai falar a verdade. Assim... eu levo o ovo, vavó Bebeca!

Um murmúrio de aprovação saiu do grupo, mas nga Zefa não desistiu: o ovo não ia lhe deixar voar no fim de passar tanta discussão. Saltou na frente do rapaz, tirou-lhe o ovo da mão, muxoxou:*

—Sukuama! Já viram? Agora você quer levar o ovo embora no sô padre, não é? Não, não pode! Com a sua sapiência não me intrujas,* mesmo que nem sei ler nem escrever, não faz mal!

Azulinho, um pouco zangado, fez gesto de despedir, curvou o corpo, levantou a mão com os dedos postos como sô padre e saiu falando sozinho:

—Pecadoras! Queriam me tentar! As mulheres são o Diabo...

Com o tempo a fugir para a noite e as pessoas a lembrar o jantar para fazer, quando os homens iam voltar do serviço não aceitavam essa desculpa da confusão da galinha, algumas mulheres saíram embora nas suas cubatas falando se calhar vavó não ia poder resolver os casos sem passar chapada outra vez. Mas nga Zefa não desistia: queria levar o ovo e a galinha. Dona Bebeca tinha-lhe recebido o ovo para guardar, muitas vezes a mulher com a raiva, ia-lhe partir ali mesmo. Só a coitada da Cabíri, cansada com isso tudo, estava deitada outra vez no ninho de capim, à espera.

Foi nessa hora que nga Mília avistou, no outro fim da rua, descendo do maximbombo,* sô Vitalino.

—Aiuê, meu azar! Já vem esse homem me cobrar outra vez! João ainda não voltou no Lucala, como vou lhe pagar? Fujo! Logo-é!...*

Saiu, nas escondidas, pelo buraco do quintal, tentando esquivar nos olhos do velho.

Todo aquele lado do musseque tinha medo de sô Vitalino. O

Estória da Galinha e do Ovo

homem, nos dias do fim do mês, descia do maximbombo, vinha com a bengala dele, de castão de prata, velho fato castanho, o grosso capacete caqui, receber as rendas das cubatas que tinha ali. E nada que perdoava, mesmo que dava encontro o homem da casa deitado na esteira,* comido na doença, não fazia mal: sempre arranjava um amigo dele, polícia ou administração, para ajudar correr com os infelizes. Nesse mês tinha vindo logo receber e só em nga Mília aceitou desculpa. A verdade, todos sabiam o homem dela, fogueiro do Cê-Éfe-Éle* estava para Malanje, mas o velho tinha outras ideias na cabeça: gostava segurar o bonito e redondo braço cor de café com leite de Emília quando falava, babando pelos buracos dos dentes, que não precisava ter preocupação, ele sabia bem era uma mulher séria. Pedia licença, entrava na cubata para beber caneca de água fresca no muringue, pôr festas nos monas e saía sempre com a mesma conversa, nga Mília não percebia onde é o velho acabava a amizade e começava a ameaça:

—Tenha cuidado, dona Emília! A senhora está nova, essa vida de trabalho não lhe serve... Esse mês eu desculpo, volto na semana, mas pense com a cabeça: não gostava antes morar no Terra-Nova, uma casa de quintal com paus de fruta, ninguém que lhe aborrece no fim do mês com a renda?... Veja só!

Nga Emília fingia não estava ouvir, mas no coração dela a raiva só queria que seu homem estivesse aí quando o velho falasse essas porcarias escondidas, para lhe pôr umas chapadas naquele focinho de porco...

Vendo o proprietário avançar pela areia arrastando os grossos sapatos, encostado na bengala, vavó Bebeca pensou tinha de salvar Emília e o melhor era mesmo agarrar o velho.

—Boa-tarde, sô Vitalino!

—Boa-tarde, dona!

—Bessá,* vavô Vitalino!...—outras mulheres faziam também coro com Bebeca, para muximar.*

Xico e Beto, esses, já tinham corrido e, segurando na bengala, no capacete, andavam à volta dele, pedindo sempre aquilo que nenhum mona ainda tinha recebido desse camuelo.

—Me dá 'mbora cinco tostões!

—Cinco tostões, vavô Lino! P'ra quiqüerra!*

O velho parou para limpar a testa com um grande lenço vermelho que pôs outra vez no bolso do casaco, dobrando-lhe com cuidado:

—Boa-tarde, senhoras!—e os olhos dele, pequenos pareciam eram missangas, procuraram em todas as caras a cara que queria. Vavó adiantou:

—Ainda bem que o senhor veio, senhor sô Vitalino. Ponha ainda sua opinião nestes casos. Minhas amigas aqui estão discutir...

Falou devagar e ninguém que lhe interrompeu: para sô Vitalino, dono de muitas cubatas, que vivia sem trabalhar, os filhos estudavam até no liceu, só mesmo vavó é que podia pôr conversa de igual. Das outras não ia aceitar, com certeza disparatava-lhes.

—Quer dizer, dona Bebeca: o ovo foi posto aqui no quintal da menina Bina, não é?

—Verdade mesmo!—sorriu-se Bina.

Tirando o capacete, sô Vitalino olhou na cara zangada de Zefa com olhos de corvo e, segurando-lhe no braço, falou, a fazer troça:*

—Menina Zefa! A senhora sabe de quem é a cubata onde está morar a sua vizinha Bina?

—Ih?! É do senhor.

—E sabe também sua galinha pôs um ovo no quintal dessa minha cubata? Quem deu ordem?

—Elá! Não adianta desviar assim as conversas, sô Vitalino...

—Cala a boca!—zangou o velho.—A cubata é minha, ou não é?

As mulheres já estavam a ver o caminho que sô Vitalino queria, começaram refilar, falar umas nas outras, está claro, esse assunto para o camuelo resolver, o resultado era mesmo aquele, já se sabia. Nga Bina ainda arreganhou-lhe chegando bem no velho, encostando a barriga gorda parecia queria-lhe empurrar para fora do quintal.

—E eu não paguei a renda, diz lá, não paguei, sô Vitalino?

—É verdade, minha filha, pagaste! Mas renda não é cubata, não é quintal! Esses são sempre meus mesmo que você paga, percebe?

As mulheres ficaram mais zangadas com essas partes,* mas Bina ainda tentou convencer:

—Vê ainda, sô Vitalino? A cubata é do senhor, não discuto. Mas sempre que as pessoas paga renda no fim do mês, pronto já! Fica pessoa como dono, não é?

Velho Vitalino riu os dentes pequenos e amarelos dele, mas não aceitou.

—Vocês têm cada uma!...* Não interessa, o ovo é meu! Foi

Estória da Galinha e do Ovo

posto na cubata que é minha! Melhor vou chamar o meu amigo da polícia...

Toda a gente já lhe conhecia esses arreganhos e as meninas mais-velhas uatobaram.* Xico e Beto, esses, continuaram sacudir-lhe de todos os lados para procurar receber dinheiro e vavó mais nga Bina vieram mesmo empurrar-lhe na rua, metade na brincadeira, metade a sério. Vendo-lhe desaparecer a arrastar os pés pelo areal vermelho, encostado na bengala, no caminho da cubata de nga Mília, velha Bebeca avisou:

—Não perde teu tempo, sô Vitalino! Emília saiu embora na casa do amigo dela... É um rapaz da polícia! Com esse não fazes farinha!*

E os risos de todas as bocas ficaram no ar dando berrida na figura torta e atrapalhada do proprietário Vitalino.

Já eram mais que cinco horas, o sol mudava sua cor branca e amarela. Começava ficar vermelho, dessa cor que pinta o céu e as nuvens e as folhas dos paus, quando vai dormir no meio do mar, deixando a noite para as estrelas e a lua. Com a saída de sô Vitalino, assim corrido e feito pouco, parecia os casos não iam se resolver mais. Nga Zefa, tão assanhada no princípio, agora mirava a Cabíri debaixo do cesto e só Bina queria convencer ainda as vizinhas ela mesmo é que tinha direito de receber o ovo.

—Mas não é? Estou pôr mentira? Digam só? Quando essas vontades atacam, temos que lhes respeitar...

Não acabou conversa dela, toda a gente olhou no sítio onde que saía uma voz de mulher a insultar. Era do outro lado do quintal, na cubata da quitata* Rosália e as vizinhas espantaram, já muito tempo não passava confusão ali, mas parecia essa tarde estava chamar azar, tinha feitiço. Na porta, mostrando o corpo dela já velho mas ainda bom, as mamas gordas a espreitar no meio da combinação, Rosália xingava,* dava berrida no homem.

—Vai 'mbora, hom'é! Cinco e meia mesmo e você dormiu toda a tarde? Pensas sou teu pai, ou quê? Pensas? Tunda, vadio!* Vai procurar serviço!

Velho Lemos nem uma palavra que falava nessa mulher quando ela, nas horas que queria preparar para receber os amigos—todo o musseque sabia, parece só ele mesmo é fingia não estava perceber o dinheiro da comida donde vinha—, adiantava enxotar-lhe fora da cubata. Sô Lemos metia as mãos nos bolsos das calças amarrotadas e puxando sua perna esquerda atacada de doença, gorda

parecia imbondeiro,* arrastava os quedes* pela areia e ia procurar pelas quitandas casos e confusões para descobrir ainda um trabalho de ganhar para o abafado* e os cigarros.
É que a vida dele era tratar de macas.* Antigamente, antes de adiantar beber e estragar a cabeça, sô Artur Lemos trabalhava no notário. Na sua casa podiam-se ainda encontrar grossos livros encadernados, processo penal, processo civil, boletim oficial, tudo, parecia era casa de advogado. E as pessoas, quando queriam, quando andavam atrapalhadas com casos na administração era sô Artur que lhes ajudava.
Ainda hoje, quando as vizinhas davam encontro com Rosália na porta, esperando os fregueses, ninguém que podia fazer pouco o homem dela. Enganava-lhe com toda a gente, às vezes chamava até os monandengues para pôr brincadeiras* que os mais-velhos não aceitavam, mas na hora de xingarem-lhe o marido ela ficava parecia era gato assanhado.
—Homem como ele, vocês não encontram! Têm mas é raiva! É verdade o corpo está podre, não serve. Mas a cabeça é boa, a sabedoria dele ninguém que tem!
E é mesmo verdade que não autorizava mexer nos livros arrumados na prateleira, cheios de pó e teias de aranha, e, sempre vaidosa, lhes mostrava:
—Vejam, vejam! Tudo na cabeça dele! E os vossos homens? Na cama sabem, mas na cabeça é tuji só!...
Ria-se, justificava, encolhia os ombros:
—P'ra cama a gente arranja sempre. E ainda pagam! Agora com a cabeça dele... Tomara!
As vizinhas gozavam, falavam essas palavras ele é que tinha ensinado para não lhe fazerem pouco de corno, mas Rosália não ligava. Nem mesmo quando os monas aborrecidos de todas as brincadeiras, saíam atrás do homem dela, xingando sua alcunha.
—Vintecinco linhas! Vintecinco linhas!...
Porque era a palavra de feitiço, em todos os casos sô Lemos falava logo:
—Fazemos um vintecinco linhas, é caso arrumado!
E se adiantava receber dinheiro para o papel, muitas vezes ia-lhe beber com Francesinho, Quirino, Kutatuji e outros vagabundos como eles, nalguma quitanda mais para São Paulo.
Pois nessa hora, quando vavó já estava para desistir, é que viram mesmo sô Artur Lemos e correram a lhe chamar: o homem, com

Estória da Galinha e do Ovo

sua experiência de macas, ia talvez resolver o assunto. Avisando Beto e Xico para não adiantarem xingar o velho, vavó, com ajuda das interessadas, expôs os casos.

Parecia uma vida nova entrava no corpo estragado do antigo ajudante de notário. O peito respirava mais direito, os olhos não lacrimejavam tanto e, quando mexia, até a perna nada que coxeava. Abriu os braços, começou empurrar as pessoas; tu para aqui, tu para ali, fica quieto e, no fim, com vavó Bebeca na frente dele, pondo Bina na esquerda e nga Zefa na direita, coçou o nariz, começou:

—Pelos vistos, e ouvida a relatora e as partes, trata-se de litígio de propriedade com bases consuetudinárias...

As mulheres olharam-se, espantadas, mas ninguém que disse nada; Vintecinco linhas continuou, falando para nga Zefa:

—Diz a senhora que a galinha é sua?
—Sim, sô Lemos.
—Tem título de propriedade?
—Ih? Tem é o quê?
—Título, dona! Título de propriedade! Recibo que prova que a galinha é sua!

Nga Zefa riu:

—Sukuama! Ninguém no musseque que não sabe a Cabíri é minha, sô Lemos. Recibo de quê então?

—De compra, mùlher! Para provarmos primeiro que a galinha é tua!

—Possa! Esse homem... Compra?! Então a galinha me nasceu-me doutra galinha, no meu quintal, como é vou ter recibo?

Sem paciência, sô Lemos fez sinal para ela se calar e resmungou à toa:

—Pois é! Como é que as pessoas querem fazer uso da justiça, se nem arranjam os documentos que precisam?

Coçando outra vez o nariz, olhou para nga Bina que sorria, satisfeita com essas partes do velho, e perguntou:

—E a senhora, pode mostrar o recibo do milho? Não? Então como é eu vou dizer quem tem razão? Como? Sem documentos, sem provas nem nada? Bem...

Olhou direito na cara das pessoas todas, virou os olhos para Beto e Xico abaixados junto do cesto da galinha e recebeu o ovo de vavó Bebeca.

—A senhora, dona Bina, vamos pôr queixa contra sua vizinha,

por intromissão na propriedade alheia com alienação de partes da mesma... isto é: o milho!

Nga Bina abriu a boca para falar, mas ele continuou:

—Quanto à senhora, dona Zefa, requerimentaremos sua vizinha por tentativa de furto e usufruto do furto!... Preciso cinco escudos cada uma para papel!

Uma grande gargalhada tapou-lhe as últimas palavras e, no fim do riso, vavó quis lhe arrancar a resposta:

—Mas, sô Lemos, diz então! Quem é que tem a razão?

—Não sei, dona! Sem processo para julgar não pode-se saber a justiça, senhora! Fazemos os requerimentos...

Toda a gente continuou rir e Beto e Xico aproveitaram logo para começar fazer pouco. Derrotado pelo riso, vendo que não ia conseguir esse dinheiro para beber com os amigos, sô Lemos, empurrado por vavó quase a chorar com as gargalhadas, tentou a última parte:

—Oiçam ainda! Eu levo o ovo, levo-lhe no juiz meu amigo e ele fala a sentença...

—O ovo, no olho!—gritou-lhe, zangada, nga Zefa. O tempo tinha passado, conversa, conversa e nada que resolveram e, com essas brincadeiras assim, muitas vezes a saliente da Bina ia lhe chupar o ovo.*

Da rua ainda se ouvia a voz rouca de sô Lemos zunindo pedradas em Beto e Xico que não tinham-lhe largado com as piadas. Levantando o punho fraco, o velho insultava-lhes:

—Maliducados! Vagabundos! Delinquentes!

Depois, parando e enchendo o peito de ar, atirou a palavra que lhe dançava na cabeça, essa palavra que estava nos jornais que lia:

—Seus ganjésteres!*

E, feliz com esse insulto, saiu pelos tortos caminhos do musseque, rebocando a perna inchada.

Quando as vizinhas viram que nem sô Lemos sabia resolver os casos, e ao sentirem o vento mais fresco que soprava e o sol, mais perto do mar, lá para longe para trás da Cidade Alta, começaram falar o melhor era esperar os homens quando voltassem no serviço, para resolver. Nga Bina não aceitou:

—Pois é! Mas o meu homem está na esquerda,* e quem vai me defender?

Mas nga Zefa é que estava mesmo furiosa: sacudindo velha Bebeca do caminho, avançou arreganhadora para o cesto, adiantar

Estória da Galinha e do Ovo

agarrar a galinha. E aí começou outra vez a luta. Bina pegou-lhe no vestido que rasgou logo no ombro; Zefa deu-lhe com uma chapada, agarraram-se, pondo socos e insultos.
—Sua ladrona! Cabra, queres o meu ovo!
—Aiuê, acudam! A bater numa grávida então!...

A confusão cresceu, ficou quente, as mulheres cada qual a tentar desapartar e as reclamantes a quererem ainda pôr pontapés, Beto e Xico a rir, no canto do quintal para onde tinham rebocado a Cabíri que, cada vez mais banzada, levantava o pescoço, mexia a cabeça sem perceber nada e só os miúdos é que percebiam o ké, ké, ké dela. No meio da luta já ninguém que sabia quem estava segurar, parecia a peleja era mesmo de toda a gente, só se ouviam gritos, lamentos, asneiras, tudo misturado com o cantar da galinha assustada, os risos dos monandengues, o vento nas folhas das mandioqueiras e aquele barulho que o musseque começa a crescer quando a noite avança e as pessoas de trabalhar na Baixa voltam nas suas cubatas. Por isso ninguém que deu conta a chegada da patrulha.

Só mesmo quando o sargento começou aos socos nas costas é que tudo calou e começaram ainda arranjar os panos, os lenços da cabeça, coçar os sítios das pancadas. Os dois soldados tinham também entrado atrás do chefe deles, sem licença nem nada, e agora, um de cada lado do grupo, mostravam os cassetetes* brancos, ameaçando e rindo. Mas o sargento, um homem gordo e baixo todo suado, tinha tirado o capacete de aço e arreganhava:
—Bando de vacas! Que raio de coisa é esta? Eh!? O que é que sucedeu?

Ninguém que respondeu, só alguns muxoxos. Vavó Bebeca avançou um passo.
—Não ouvem, zaragateiras? O que é isto aqui? Uma reunião?
—Ih?! Reunião de quê então?—vavó, zangada, refilava.
—Vamos, conta lá, avozinha! Porque é que estavam à porrada? Depressa, senão levo tudo para a polícia!

Vavó viu nos olhos do soldado o homem estava falar verdade e, então, procurou ajuda nas outras pessoas. Mas as caras de todas não diziam nada, estavam olhar no chão, o ar, o canto onde Beto e Xico não tinham saído com o cesto, os dois soldados rodeando todo o grupo. No fim, olhando o homem gordo, falou devagar, a explorar ainda:
—Sabe! O senhor soldado vai-nos desculpar...
—Soldado, uma merda! Sargento!

—Ih?! E sargento não é soldado?...
—Deixa-te de coisas, chiça! Estou quase a perder a paciência. Que raio de chinfrim é este?*

Vavó contou, procurando em Zefa e Binda cada vez que falava para ver a aprovação das suas palavras, toda a confusão da galinha e do ovo e porquê estavam pelejar. O sargento, mais risonho, olhava também a cara das mulheres para descobrir a verdade daquilo tudo, desconfiado que o queriam enganar.

—E os vossos homens onde estão?

Foi nga Bina quem respondeu primeiro, falando o homem dela estava na esquadra e ela queria o ovo, assim grávida estava-lhe apetecer muito. Mas o sargento nem lhe ligou; abanava a cabeça, depois disse entredentes:

—Na polícia, hein? Se calhar é terrorista...* E a galinha?

Todas as cabeças viraram para o canto, nas mandioqueiras, onde os meninos, abaixados à volta do cesto, guardavam a Cabíri. Mas nem com os protestos de nga Zefa e o refilanço das outras amigas, o soldado aceitou; foi lá e, metendo a mão debaixo do cesto, agarrou a galinha pelas asas, trazendo-lhe assim para entregar ao sargento. A Cabíri nem piava, só os olhos dela, maiores com o medo, olhavam os amigos Beto e Xico, tristes no canto. O sargento agarrou-lhe também pelas asas e encostou o bicho à barriga gorda. Cuspiu e, diante da espera de toda a gente—nga Zefa sentia o coração bater parecia ngoma, Bina rindo para dentro—, falou:

—Como vocês não chegaram a nenhuma conclusão sobre a galinha e o ovo, eu resolvo...

Riu, os olhos pequenos quase desapareceram no meio da gordura das bochechas dele e piscando-lhes para os ajudantes, arreganhou:

—Vocês estavam a alterar a ordem pública, neste quintal, desordeiras! Estavam reunidas mais de duas pessoas, isso é proibido! E, além do mais, com essa mania de julgarem os vossos casos, tentavam subtrair a justiça aos tribunais competentes! A galinha vai comigo, apreendida, e vocês toca a dispersar! Vamos! Circulem, circulem para casa!

Os soldados, ajudando, começaram a girar os cassetetes brancos em cima da cabeça. Muitas que fugiram logo, mas nga Zefa era rija, acostumada a lutar sempre, e não ia deixar a galinha dela ir assim para churrasco do soldado, como esses homens da patrulha

Estória da Galinha e do Ovo

queriam. Agarrou-se no sargento, queria segurar a galinha, mas o homem empurrou-lhe, levantando o bicho alto, por cima da cabeça, onde a Cabíri, assustada, começou piar, sacudir o corpo gordo, arranhando o braço do soldado com as unhas.

—Ei, ei, ei! Mulherzinha, calma! Senão ainda te levo presa, vais ver! 'tá quieta!

Mas, nessa hora, enquanto nga Zefa tentava tirar a galinha das mãos do gordo sargento, debaixo do olhar gozão de vavó Bebeca, nga Bina e outras que tinham ficado ainda, é que sucedeu aquilo que parecia feitiço e baralhou toda a gente enquanto não descobriram a verdade.

Quando o soldado foi tirar a galinha debaixo do cesto, Beto e Xico miraram-se calados. E se as pessoas tivessem dado atenção nesse olhar tinham visto logo nem os soldados que podiam assustar ou derrotar os meninos de musseque. Beto falou na orelha de Xico:

—É isso, Xico! Esses gajos não vão levar a Cabíri assim à toa! Temos de lhes atacar com a nossa técnica!...

—Vamos, Beto! Com depressa!

—Não, você ficas! P'ra disfarçar...

E Beto, parecia era gato, passou o corpo magro no buraco das aduelas desaparecendo, nas corridas, por detrás da quitanda. Xico esticou as orelhas com atenção esperando mesmo esse sinal que ia salvar a Cabíri. E foi isso que as pessoas, banzadas, ouviram quando o sargento queria ainda esquivar a galinha dos braços compridos e magros de nga Zefa.

Só eram mesmo cinco e meia quase, o sol ainda brilhava muito e a noite vinha longe. Ainda se estivesse fresco, mas não: o calor era pesado e gordo em cima do musseque. Como é um galo tinha-se posto assim, naquela hora, a cantar alegre e satisfeito, a sua cantiga de cambular galinhas? As pessoas pasmadas e até a Cabíri deixou de mexer, só a cabeça virava em todos os lados, revirando os olhos, a procurar no meio do vento esse cantar conhecido que lhe chamava, que lhe dizia o companheiro tinha encontrado bicho de comer ou sítio bom de tomar banho de areia. Maior que todos os barulhos, do lado de lá da quitanda de sô Zé, vinha, novo bonito e confiante, o cantar dum galo, desafiando a Cabíri...

E, então, sucedeu: Cabíri espetou com força as unhas dela no braço do sargento, arranhou fundo, fez toda a força nas asas e as pessoas, batendo palmas, uatobando e rindo, fazendo pouco, viram a gorda galinha sair a voar por cima do quintal, direita e leve, com depressa, parecia era ainda pássaro de voar todas as horas. E como cinco e meia já eram, e o céu azul não tinha nem uma nuvem daquele lado sobre o mar, também azul e brilhante, quando todos quiseram seguir Cabíri no voo dela na direcção do sol, só viram, de repente, o bicho ficar um corpo preto no meio, vermelho dos lados e, depois, desaparecer na fogueira dos raios do sol...

Ainda com as mãos nos olhos magoados da luz, o sargento e os soldados saíram resmungando a ocasião perdida de um churrasco sem pagar. As mulheres miravam-lhes com os olhos gozões, as meninas riam. O vento veio soprar devagar as folhas das mandioqueiras. Nga Zefa sentia o peito leve e vazio, um calor bom a encher-lhe o corpo todo: no meio do cantar do galo, ela sabia estava sair no quintal dela, conheceu muito bem a voz do filho, esse malandro miúdo que imitava as falas de todos os bichos, enganando-lhes. Chamou Xico, riu nas vizinhas e pondo festas nos cabelos do monandengue, falou-lhes, amiga:

—Foi o Beto! Parecia mesmo era galo. Aposto a Cabíri já está na capoeira...

Vavó Bebeca sorriu também. Segurando o ovo na mão dela, seca e cheia de riscos dos anos, entregou para Bina.

—Posso, Zefa?...

Envergonhada ainda, a mãe de Beto não queria soltar o sorriso que rebentava na cara dela. Para disfarçar, começou dizer só:

—É, sim, vavó! É a gravidez. Essas fomes, eu sei... E depois o mona na barriga reclama!...

De ovo na mão, Bina sorria. O vento veio devagar e, cheio de cuidados e amizade, soprou-lhe o vestido gasto contra o corpo novo. Mergulhando no mar, o sol punha pequenas escamas vermelhas lá em baixo nas ondas mansas da Baía. Diante de toda a gente e nos olhos admirados e monandengues de miúdo Xico, a barriga redonda e rija de nga Bina, debaixo do vestido, parecia era um ovo grande, grande...

*

Minha estória.
Se é bonita, se é feia, vocês é que sabem. Eu só juro não falei mentira e estes casos passaram nesta nossa terra de Luanda.

(from *Luuanda,* 1964)

Graciliano Ramos

Graciliano Ramos was born in Quebrângulo, Alagoas, in 1892, and spent most of his somewhat unhappy childhood and early manhood in the rural north-east. It was not until 1930 that he was able to emerge from his provincial backwater and establish himself, first in Maceió, then (in spite of a short period of imprisonment) in Rio, as a writer, journalist and civil servant. He died in 1953.

The chapter from Vidas Sêcas *which follows is remarkable for the tenderness as well as the skill with which Ramos evokes the world of a young child. In* Ciúmes, *by contrast, the emotions of a woman betrayed are dissected with a pitiless clinical precision.*

O Menino Mais Novo

A ideia surgiu-lhe na tarde em que Fabiano botou os arreios na égua alazã e entrou a amansá-la.* Não era pròpriamente ideia: era o desejo de realizar qualquer acção notável que espantasse o irmão e a cachorra Baleia.

Naquele momento Fabiano lhe causava grande admiração. Metido nos couros, de perneiras, gibão e guarda-peito,* era a criatura mais importante do mundo. As rosetas das esporas dele tilintavam no pátio; as abas do chapéu, jogado para trás, preso debaixo do queixo pela correia, aumentavam-lhe o rosto queimado, faziam-lhe um círculo enorme em torno da cabeça.

O animal estava selado, os estribos amarrados na garupa, e sinhá Vitória subjugava-o agarrando-lhe os beiços. O vaqueiro apertou a cilha e pôs-se a andar em redor, fiscalizando os arranjos, lento. Sem se apressar, livrou-se de um coice: virou o corpo, os cascos da égua passaram-lhe rente ao peito, raspando o gibão. Em seguida Fabiano subiu ao copiar,* saltou na sela, a mulher recuou—e foi um redemoinho na catinga.*

Trepado na porteira do curral, o menino mais novo torcia as mãos suadas, estirava-se para ver a nuvem de poeira que toldava as imburanas. Ficou assim uma eternidade, cheio de alegria e medo, até que a égua voltou e começou a pular furiosamente no pátio, como se tivesse o diabo no corpo. De repente a cilha rebentou e houve um desmoronamento. O pequeno deu um grito, ia tombar da porteira. Mas sossegou logo. Fabiano tinha caído em pé e recolhia-se banzeiro e cambaio,* os arreios no braço. Os estribos, soltos na carreira desesperada, batiam um no outro, as rosetas das esporas tiniam.

Sinhá Vitória cachimbava tranquila no banco do copiar, catando lêndeas no filho mais velho. Não se conformando com semelhante indiferença depois da façanha do pai, o menino foi acordar Baleia, que preguiçava, a barriga vermelha descoberta, sem vergonha. A cachorra abriu um olho, encostou a cabeça à pedra de amolar, bocejou e pegou no sono de novo.

Julgou-a estúpida e egoísta, deixou-a, indignado, foi puxar a manga do vestido da mãe, desejando comunicar com ela. Sinhá Vitória soltou uma exclamação de aborrecimento e, como o pirralho insistisse, deu-lhe um cascudo.*

Retirou-se zangado, encostou-se num esteio do alpendre, achando o mundo todo ruim e insensato. Dirigiu-se ao chiqueiro, onde os bichos bodejavam, fungando, erguendo os focinhos franzidos. Aquilo era tão engraçado que o egoísmo de Baleia e o mau humor de sinhá Vitória desapareceram. A admiração a Fabiano é que ia ficando maior.

Esqueceu desentendimentos e grosserias, um entusiasmo verdadeiro encheu-lhe a alma pequenina. Apesar de ter medo do pai, chegou-se a ele devagar, esfregou-se nas perneiras, tocou as abas do gibão, o guarda-peito, as esporas e o barbicacho do chapéu maravilhavam-no.

Fabiano desviou-o desatento, entrou na sala e foi despojar-se daquela grandeza.

O menino deitou-se na esteira, enrolou-se e fechou os olhos. Fabiano era terrível. No chão, despidos os couros, reduzia-se bastante, mas no lombo da égua alazã era terrível.

Dormiu e sonhou. Um pé-de-vento* cobria de poeira a folhagem das imburanas, sinhá Vitória catava piolhos no filho mais velho, Baleia descansava a cabeça na pedra de amolar.

No dia seguinte essas imagens se varreram completamente. Os juàzeiros do fim do pátio estavam escuros, destoavam das outras árvores. Porque seria?

Aproximou-se do chiqueiro das cabras, viu o bode fazendo um barulho feio com as ventas arregaçadas, lembrou-se do acon-

O Menino Mais Novo

tecimento da véspera. Encaminhou-se aos juàzeiros, curvado, espiando os rastos da égua alazã.

À hora do almoço sinhá Vitória repreendeu-o:

—Este capeta anda leso.*

Ergueu-se, deixou a cozinha, foi contemplar as perneiras, o guarda-peito e o gibão pendurados num torno da sala. Daí marchou para o chiqueiro—e o projecto nasceu.

Arredou-se, fez tenção de entender-se com alguém, mas ignorava o que pretendia dizer. A égua alazã e o bode misturavam-se, ele e o pai misturavam-se também.

Rodeou o chiqueiro, mexendo-se como urubu, arremedando Fabiano.*

A necessidade de consultar o irmão apareceu e desapareceu. O outro iria rir-se, mangar dele, avisar sinhá Vitória. Teve medo do riso e da mangação. Se falasse naquilo, sinhá Vitória lhe puxaria as orelhas.

Evidentemente ele não era Fabiano. Mas se fosse? Precisava mostrar que podia ser Fabiano. Conversando, talvez conseguisse explicar-se.

Pôs-se a caminhar, banzeiro, até que o irmão e Baleia levaram as cabras ao bebedouro. A porteira abriu-se, um fartum espalhou-se pelos arredores, os chocalhos soaram, a camisinha de algodão atravessou o pátio, contornou as pedras onde se atiravam cobras mortas, passou os ju àzeiros, desceu a ladeira, alcançou a margem do rio.

Agora as cabras se empurravam metendo os focinhos na água, os cornos entrechocavam-se, Baleia, atarefada, latia correndo.

Trepado na ribanceira, o coração aos baques, o menino mais novo esperava que o bode chegasse ao bebedouro. Certamente aquilo era arriscado, mas parecia-lhe que ali em cima tinha crescido e podia virar Fabiano.*

Sentou-se indeciso. O bode ia saltar e derrubá-lo.

Ergueu-se, afastou-se, quase livre da tentação, viu um bando de periquitos que voavam sobre as catingueiras.* Desejou possuir um deles, amarrá-lo com uma embira, dar-lhe comida. Sumiram-se todos chiando, e o pequeno ficou triste, espiando o céu cheio de nuvens brancas. Algumas eram carneirinhos, mas desmanchavam-se e tornavam-se bichos diferentes. Duas grandes se juntaram—e uma tinha a figura da égua alazã, a outra representava Fabiano.

Baixou os olhos encandeados, esfregou-os, aproximou-se novamente da ribanceira, distinguiu a massa confusa do rebanho, ouviu as pancadas dos chifres. Se o bode já tivesse bebido, ele experimentaria decepção. Examinou as pernas finas, a camisinha encardida e rasgada. Enxergava viventes no céu, considerava-se protegido, convencia-se de que forças misteriosas iam ampará-lo. Boiaria no ar, como um periquito.

Pôs-se a berrar, imitando as cabras, chamando o irmão e a cachorra. Não obtendo resultado, indignou-se. Ia mostrar aos dois uma proeza, voltariam para casa espantados.

Aí o bode se avizinhou e meteu o focinho na água. O menino despenhou-se da ribanceira, escanchou-se no espinhaço dele.

Mergulhou no pelame fofo, escorregou, tentou em vão segurar-se com os calcanhares, foi atirado para a frente, voltou, achou-se montado na garupa do animal, que saltava demais e provàvelmente se distanciava do bebedouro. Inclinou-se para um lado, mas fortemente sacudido, retomou a posição vertical, entrou a dançar desengonçado, as pernas abertas, os braços inúteis. Outra vez impelido para a frente, deu um salto mortal, passou por cima da cabeça do bode, aumentou o rasgão da camisa numa das pontas e estirou-se na areia. Ficou ali estatelado, quietinho, um zunzum nos ouvidos, percebendo vagamente que escapara sem honra da aventura.

Viu as nuvens que se desmanchavam no céu azul, embirrou com elas. Interessou-se pelo voo dos urubus. Debaixo dos couros, Fabiano andava banzeiro, pesado, direitinho como um urubu.

Sentou-se, apalpou as juntas doídas. Fora sacolejado violentamente, parecia-lhe que os ossos estavam deslocados.

Olhou com raiva o irmão e a cachorra. Deviam tê-lo prevenido. Não descobriu neles nenhum sinal de solidariedade: o irmão ria como um doido, Baleia, séria, desaprovava tudo aquilo. Achou-se abandonado e mesquinho, exposto a quedas, coices e marradas.

Ergueu-se, **arrastou-se** com desânimo até à cerca do bebedouro, encostou-se a ela, o rosto virado para a água barrenta, o coração esmorecido. Meteu os dedos finos pelo rasgão, coçou o peito magro. O tropel das cabras perdeu-se na ladeira, a cachorrinha ladrou longe. Como estariam as nuvens? Provàvelmente algumas se transformavam em carneirinhos, outras eram como bichos desconhecidos.

Lembrou-se de Fabiano e procurou esquecê-lo. Com certeza

Ciúmes

Fabiano e sinhá Vitória iam castigá-lo por causa do acidente. Levantou os olhos tímidos. A Lua tinha aparecido, engrossava, acompanhada por uma estrelinha quase invisível. Àquela hora os periquitos descansavam na vazante, nas touceiras secas de milho.* Se possuísse um daqueles periquitos, seria feliz.

Baixou a cabeça, tornou a olhar a poça escura que o gado esvaziara. Uns riachos miúdos marejavam na areia como artérias abertas de animais. Recordou-se das cabras abatidas com a mão de pilão,* penduradas de cabeça para baixo num caibro do copiar, sangrando.

Retirou-se. A humilhação atenuou-se pouco a pouco e morreu. Precisava entrar em casa, jantar, dormir. E precisava crescer, ficar tão grande como Fabiano, matar cabras a mão de pilão, trazer uma faca de ponta à cintura. Ia crescer, espichar-se numa cama de varas, fumar cigarros de palha, calçar sapatos de couro cru.

Subiu a ladeira, chegou-se a casa devagar, entortando as pernas, banzeiro. Quando fosse homem, caminharia assim, pesado, cambaio, importante, as rosetas das esporas tilintando. Saltaria no lombo de um cavalo brabo e voaria na catinga como pé-de-vento levantando poeira. Ao regressar, apear-se-ia num pulo e andaria no pátio assim torto, de perneiras, gibão, guarda-peito e chapéu de couro com barbicacho. O menino mais velho e Baleia ficariam admirados.

(from *Vidas Sêcas,* 1938)

Ciúmes

No dia em que d. Zulmira soube que o marido se entendia com uma criatura do Mangue* foi uma aperreação. A princípio não quis acreditar e exigiu provas, depois teve dúvidas, ficou meio convencida, levantou-se da mesa antes do café e dirigiu à informante um olhar assassino. Entrou no quarto com uma rabanada,* rasgou a saia no ferrôlho da porta e aplicou duas chineladas* no pequeno Moacir, que, sossegado num canto, manejava bonecas:

—Toma, safadinho, molengo. Tu és fêmea para andares com bonecas? Marica.

O pequeno Moacir entalou-se, indignado, e saiu jurando vingar-se. A primeira idéia que lhe veio foi derramar querosene na roupa da cama e riscar um fósforo em cima. Refletindo, achou o projeto irrealizável, porque na casa não havia querosene, e resolveu contar ao pai que tinha visto a mãe conversar na praia com um rapaz.

Nesse ponto d. Zulmira sacudia furiosamente as gavetas, procurando papéis e cheirando panos.

—Não quebre tudo não, disse a hospedeira do outro lado da porta.

D. Zulmira considerou que os móveis eram alheios, baixou a pancada* e findou a investigação com menos barulho. Não encontrando sinais comprometedores, deixou cartas e camisas misturadas sôbre a mesa, encostou-se à janela e pôs-se a olhar o jardim, dando ligeiras patadas nervosas no soalho.

—Venha tomar café, gritou da sala de jantar a proprietária da pensão.

D. Zulmira resmungou baixinho uma praga bastante cabeluda.* Aborrecia palavrões na linguagem escrita. Ainda na véspera, diante de amigas, condenara severamente um romance moderno cheio de obscenidades. Mas gostava de rosnar essas expressões enérgicas. Às vêzes, em momentos de abandono completo, chegava a utilizá-las em voz alta—e isto lhe dava enorme prazer. A palavra indecente pronunciada para não ser ouvida trouxe-lhe ao espírito a recordação de cenas íntimas, que afastou irada, agitando a cabeça e batendo mais fortemente com o calcanhar na tábua. Tinha duas pequenas rugas verticais entre as sobrancelhas, os cantos da bôca repuxados, excessivamente amarelos os pontos do rosto onde não havia tinta.*

No meio da zanga, operava-se no interior de d. Zulmira uma tremenda confusão. O que mais a incomodava eram os brinquedos do pequeno Moacir. Retirou-se da janela e entrou a passear no quarto, atirando grandes pernadas em várias direções. Como numa das viagens encontrasse o caminho obstruído pelas bonecas, espalhou-as com um pontapé:

—Marica, moleirão.*

Olhou a fotografia do menino e começou a distinguir no rostinho bochechudo as feições do pai. Lembrou-se do noivado chôcho, do enjôo na gestação, do parto difícil. Sentia-se gravemente ofendida pelos dois. Soltou um longo suspiro, voltou a fotografia para a parede e cravou os olhos no chão. As bonecas tinham-se escondido debaixo dos móveis, o que havia no soalho

Ciúmes

eram algumas camisas, lenços e cartas. O coração de d. Zulmira engrossou muito, cheio de veneno, e o bicho que o mordia tinha a princípio a figura do pequeno Moacir, tornou-se depois um ente hermafrodita, com pedaços de homem e pedaços de mulher do Mangue.

—Ai, ai.

Novo suspiro elevou o seio volumoso de d. Zulmira, obrigou-a a desapertar o vestido.

—Ai, ai.

O ser hermafrodita evaporou-se, e ela enxergou o sujeito barbudo e chato com quem vivia. Como se julgava muito superior ao companheiro sentia-se humilhada ao descobrir que semelhante indivíduo a enganava. Não sabia direito porque era superior, mas era, sempre se imaginara superior, sem análises.

Pensou em namorados antigos, em alguns recentes. Se um dêles fizesse aquilo, bem, estava certo.* Mas o homem barbudo sempre fôra inofensivo. Ela se divertia em experimentá-lo praticando leviandades.* O marido não se alterava: comia com o rosto em cima do prato, andava de cabeça baixa, tranqüilo, sem opinião.

Feitas essas ligeiras sondagens, d. Zulmira recolhia-se, prudente e honesta. Pecava muito por pensamento, e por palavras também, mas os seus atos maus eram insignificâncias, nem valia a pena recordá-los. Avançava um pouco, depois ia recuando, refreava os desejos que tinha de descarrilar. Às vêzes perdia o sono, entrava pela noite fantasiando ruindades. O marido acordava, via-a de ôlho arregalado, como um gato:

—Durma, filha de Deus.

E adormecia. Ela virava-se na cama, tapava as orelhas, para que os roncos e a cara cabeluda não lhe estragassem o sonho. Coitado. Tão gordo, tão inútil! Findos os devaneios complicados, d. Zulmira entrava nos eixos,* tornava-se a melhor das espôsas e, com um vago desprêzo a que se juntava algum remorso, enternecia-se por aquela gordura e aquela inutilidade.

Ora, a notícia de que a inutilidade e a gordura se haviam transferido para junto de uma criatura do Mangue trouxe desarranjo muito sério a d. Zulmira. Presumia-se em segurança, tão segura que, ouvindo falar em maridos infiéis, encolhia os ombros, sorrindo:

—Todos êles são assim. Não se tira um.

Tirava-se o dela, naturalmente,* e, inteirando-se da história desgraçada, percebeu que neste mundo só há safadeza e ingratidão. O sujeito barbudo tinha subido muito e a superioridade que a inchava ia minguando.

Olhou-se ao espelho do guarda-vestidos, viu-se miúda e cercada de um nevoeiro. Enxugou os olhos, observou os dentes e os cabelos, corrigiu as duas rugas da testa, as pregas dos cantos da bôca. Achou-se vítima de traição e injustiça, o coração continuou a engrossar. Precisou alargar mais o vestido.

Aí uma idéia lhe apareceu. Foi à porta, trancou-se a chave, voltou para diante do espelho e começou a despir-se lentamente, examinando os seios, a pele que se amarelava, as dobras do ventre. Pouco satisfeita com o exame, vestiu um roupão e foi sentar-se na cama. Enrolando os dedos curtos na franja da colcha, durante alguns minutos transformou-se numa criancinha. Tôda a cólera havia desaparecido.

Inventariou os defeitos do marido, um monstro. Gostou do nome e repetiu-o, convenceu-se de que realmente vivia com um monstro e era muito infeliz.

Pôs-se a choramingar, cultivando aquela dor que se tinha suavizado e era quase prazer. Os soluços espaçaram-se, o diafragma entrou a funcionar regularmente. De longe em longe um suspiro comprido esvaziava-lhe os pulmões. O chôro manso corria-lhe pelo rosto e desmanchava a pintura.

Ergueu-se, dirigiu-se de novo ao espelho, achou-se feia e lambuzada. Foi ao lavatório, abriu a torneira, lavou a cara, ficou muito tempo enxugando-se. Em seguida regressou à cama, onde se acomodou para sofrer mais. O chôro não voltou, agora os suspiros obedeciam aos desejos dela e tinham pouca significação. Isto lhe causou certo desapontamento. Afirmou que o encontro do marido com a mulher do Mangue era fato ordinário.

—Todos êles são assim. Não se tira um.

Alarmou-se por se ter conformado tão depressa. Quis reproduzir o desespêro, os soluços, articulou baixinho o palavrão indecente com que tinha começado o espalhafato, mas isto não trouxe o efeito desejado.

O que sentiu foi uma estranha languidez. As pálpebras cerraram-se, o corpo morrinhento resvalou, a cabeça encostou-se no travesseiro, a mão curta insinuou-se no decote e experimentou a quentura do peito. Declarou a si mesma que era uma pessoa incompreendida. Não era bem o que tencionava exprimir, mas

Ciúmes

possuía vocabulário reduzido, e a palavrinha familiar, vista em poesias de môças, servia-lhe perfeitamente.

Incompreendida. Sem fazer exame de consciência, achou-se pura, até pura demais. Esta convicção lhe deu grande paz, que foi substituída por um vago mal-estar, a impressão de se ter resguardado sem proveito.

Chegara ao quarto como um gato zangado, agora se estirava como um gato em repouso. Vivera alguns anos assim gata, bem domesticada, arranhando pouco, miando pouco, entregue aos seus deveres de bicho caseiro.

Olhou com desconsôlo as patas macias e as garras vermelhas, bem aparadas. Sentiu novo apêrto no coração, o diafragma contraiu-se, um bôlo subiu-lhe à garganta e outros soluços rebentaram. Enganada por um tipo ordinário, a quem se juntara sem entusiasmo. Tentou ver as garras bonitas, manchas róseas quase invisíveis. Através das lágrimas, as patas macias deformavam-se, achatavam-se.

Estirou os braços, com vontade de rasgar panos. Não queria ser um animalzinho bem ensinado, comer, engordar, consertar meias, dormir, pentear os cachos do pequeno Moacir. Achou o quarto vazio e estreito, desejou sair, livrar-se daquilo. A lembrança do homem gordo e da mulher do Mangue era insuportável.

Infelizmente d. Zulmira se tinha habituado a um grande número de amolações* e receava não poder viver sem elas. Declarou mais uma vez que sempre havia procedido corretamente. Aumentou a falta do marido, julgou-o criminoso e porco. Assentou-lhe adjetivos ásperos e fechou os olhos, planeando uma vingança muito agradável. O homem barbudo sumiu-se. Os soluços de d. Zulmira decresceram, os suspiros encurtaram-se, agitaram-lhe docemente as asas do nariz.

E, metida num sonho cheio de realidade, d. Zulmira pecou por pensamento, pecou em demasia por pensamento.

(from *Insônia*, 1947)

José Lins do Rego

José Lins do Rego was born in 1901, in Paraíba, of a family which belonged to the old sugar-cane aristocracy. It was while he was studying Law at the University of Recife that he met and was profoundly influenced by the social historian Gilberto Freyre. Lins do Rego enjoyed a successful career as a lawyer, but also devoted considerable energy to journalism, as well as writing a dozen novels.

The two passages included here well illustrate the direct vigour of Lins do Rego's style, a directness which does not preclude, however, some more subtle narrative processes, such as the changes in the mood of the narrator in A Herança. *The setting of the second passage is not the more familiar north-east, but Cabo Frio, in the south.*

A Herança

O primo Jorge fez tudo para que voltasse para Gameleira. Achava-me impressionado.* Ali, no engenho,* o meu nervoso voltaria. Tio Juca concordava. Não se devia brincar com a saúde. Mas fiquei. Aquela mão fria do meu avô demorou por muito tempo na minha sensibilidade. Na volta do enterro, lavei a boca não sei quantas vezes. Tinha a impressão de que ficara com gosto a cadáver nos lábios.

A tia Sinhazinha não vira o velho morrer. Estava no Itambé, nas missões. Veio para a missa do sétimo dia e não sei porque ia perdendo a maldade que me tinha. Quando me viu, à chegada, abraçou-me aos soluços. Nunca ninguém naquela casa a vira assim, confrangida pela dor.

—Pobre Zé Paulino! Pobre Zé Paulino! Você estava aqui, Carlos? Parece que estou vendo ele.

Fazia o possível para tomar conta das coisas. E depois da missa, tio Juca e os outros parentes reuniram-se para tratar do inventário.

Ninguém queria nada. Não queriam coisa alguma. Cada um ficasse com o que era de direito.

Eu representava uma grande parte da herança.* Então, todos acordaram em que o tio Lourenço resolvesse tudo. Ele estava entre nós. Competia-lhe dividir os pedaços que o irmão deixara.

A Herança

—O que vocês deviam fazer—dizia-nos ele—é ficar cada um onde está. José Paulino deixou o bastante para todos ficarem bem.

Tio Juca falou no gado, no dinheiro de ouro que o velho deixara. Sabia, com certeza, que o velho guardara para mais de cem contos em ouro. Mas ninguém conhecia o lugar onde esse ouro estava guardado. Dei ao tio Lourenço a chave da gaveta. E das malas. Saímos para examinar o espólio. Tio Juca voltou de cabeça baixa. Ele tinha a certeza que havia aquele ouro. Então, furtaram-no. Esta é que era a verdade. O ouro do pai fora roubado por alguém. O que se achou em dinheiro não era mais do que a quantia que o velho guardava para as despesas da safra.* Alguém tinha deitado mão ao ouro. E o gado? Dizia o tio Juca que nos cercados de Santa-Rosa havia para mais de mil cabeças. Chamaram o vaqueiro:

—O gado do coronel está fraco, seu doutô. Morreu muito boi de febre. O coronel há anos que não comprava mais. Pode ter umas quinhentas reses, seu doutô.

Tia Maria afirmava que havia muito gado dela, no cercado, com o seu ferro.*

Tio Juca não acreditava no vaqueiro. Veio depois a luta por Santa-Rosa. Quem devia ficar no engenho? O tio Lourenço ia falando:

—Juca não quer ficar, sem dúvida. Já está encaminhado noutra parte. Maria também.

Achava que cabia a mim o pedaço.

—E o gado?—perguntava tio Juca.—E o dinheiro da Caixa Económica?*

Ficaria eu em Santa-Rosa. Era sòzinho e não me bastava sòmente aquilo. O gado que houvesse no engenho, depois de comtado, só poderia ficar para mim.

—O rapaz precisa de trabalhar—dizia tio Lourenço.

Não aceitaram essa história de eu ficar com o gado. E o dinheiro da Caixa Económica? Foram ver a caderneta. Estava no meu nome. Para mais de vinte contos, e contados os juros, ia longe. O velho há anos que arrecadava para o neto.* Ninguém podia tocar naquilo.

Então, tio Juca voltou-se outra vez para o gado e para o ouro. Tinham roubado as libras esterlinas do velho. E que tirassem os bois de carro que desse para a moagem e o resto que se dividisse.* Não acreditava que houvesse sòmente quinhentas cabeças.

Até aquele momento, não tinha falado, deixando que corressem as coisas à revelia.*

Ele exagerava, disse-lhe francamente. Ninguém ali vivia de praticar as misérias que ele supunha. A tia Maria estava comigo. O tio Lourenço, calado, ia escutando o sobrinho insatisfeito. Queria acomodar. Tio Juca devia saber que Zé Paulino há anos que não fazia grande coisa. E não era crível que conservasse tanto gado junto.

O tio Juca voltava-se para outro. Alguém escondera o ouro do pai. Aquilo era ilusão dele, explicava o velho. Há muito tempo o irmão trocara umas moedas em Recife. Não podia existir ouro nenhum ali. E o velho foi-se aborrecendo e, finalmente, estourou:

—Estou aqui para que o inventário de Zé Paulino não termine em cachorrada. Vim para acomodá-los. Mas, já que não querem, que façam o que bem entenderem. Não me meto mais nisso.

Tia Maria queixava-se do irmão. Só levava a vida procurando encrencas. Depois que se casara com gente daquelas bandas,* dera para incompatibilizar-se com todas as pessoas. Só levava as coisas para o mal. Tudo obra do sogro. Aquele casamento fora uma infelicidade.

Pedimos ao tio Lourenço para ficar de juiz. Só ele podia resolver tudo.

E nada ficou resolvido. O inventário já estava nas mãos da justiça e ainda se falava no ouro e nas mil cabeças de gado. O tio Juca cortou comigo, falando em nomear advogado. Ameaçou-me de todas as formas.

A notícia da fortuna escondida do meu avô espalhou-se por toda a parte. Baltasar vira-me com uma caixa, ainda quando o velho Zé Paulino era vivo. Para a maioria roubara os outros herdeiros. Os parentes sensatos não queriam acreditar, pois sabiam que tudo o que o velho ganhava era para comprar terras. Nunca pensou em guardar ouro como um usurário.

Até nos jornais da cidade apareceu uma notícia contra mim, chamando-se a atenção do governador para uma sonegação de herança nas barbas do fisco.* Tivesse cuidado o governo que alguém estava lesando os interesses da Fazenda.

A onda contra mim crescia. Um sujeito com dinheiro em casa, sempre encontrava alguém que lhe metesse o pau.

Tio Lourenço mandou-me chamar e pediu que não questionasse. Pelo amor de Deus não lhe dessem desgosto de ver

A Herança

brigas no inventário do irmão. Tio Juca queria o gado. Dei-lhe o que pedia. Quando lhe cedi a parte que ambicionava, falou em terra. Santa-Rosa era muito grande, eu não precisaria do Crumataú. Fui contra. Receberia o engenho nas dimensões registadas na escritura. E abriu-se outra disputa. O Juiz vivia com ele na intimidade, e o escrivão, com os criados. Vi-me perdido. Com a fama que corria do furto de libras esterlinas, olhavam-me nos comboios com certo desdém. Fizera-se até uma versalhada sobre o caso.

Agora, tio Juca queria um pedaço de Santa-Rosa. Contava com o juiz, amizades fortes. Resisti. Fui a um advogado e pedi a Mário Santos para publicar um comunicado contra o juiz. Dizia nele que as sentenças na Comarca estavam sendo compradas a perú.*

Um 'cabra'* do engenho do tio Juca matou um dos meus. Chamei o meu pessoal e meti-me em brios. Agora sentia-me advogado.* Gente minha não apodrecia na cadeia. Prenderam o mestre do açúcar* do meu adversário e quebraram o pobre à cacetada. A polícia chegou para deter o criminoso. Vinha com ordem de aquietar a azorrague o povo do engenho. O oficial almoçou comigo. Achou bonito um boi do cercado. Dei-lho de presente. E o 'cabra' ficou no manso,* em Santa-Rosa.

A tia Maria escreveu-me dizendo que não desse um naco que fosse do engenho. O sogro do tio Juca era quem fazia tudo. Afinal de contas o juiz mandou-me chamar. Faria a partilha como eu queria. Era bom conciliar a família, não valia a pena aquela disputa. E mesmo não havia motivo. O inventariante que era o tio Juca concordava em não se dividir o engenho. Queria, porém, que abrisse mão de uma parte que me pertencia noutro. Recusei-me a tudo. Não havia acordo que me servisse. Já gastara dinheiro com advogado e o tio Juca que esperasse o fim. Até a velha Sinhazinha estava a meu lado:

—Juca está com ambição. Crescendo os olhos* no que é dos outros. Aquilo é coisa do sogro...

Numa viagem de comboio recebi proposta para venda de Santa-Rosa.

Não haveria dinheiro que me levasse o engenho.

E aquela vida de lutas e intrigas apossava-se de mim. Gostava da coisa. Fiquei activo. Não andava de noite, com medo de emboscadas. Comprei armas para o engenho.

O velho José Paulino nunca precisou daquilo, em mais de

setenta anos de governo.* E lutou contra parentes, como o dr. Quinca do Engenho Novo, que era homem de verdade. Mas eu não tinha a coragem moral de meu avô. Só me confiava em guarda-costas. Ficavam de noite de rifle. Dormiam de dia. Pagava-lhes diárias de feitor e comiam por conta da Casa--Grande.* Mal escurecia, apareciam de rifle ao ombro, rondando a casa como cachorros.

Tio Lourenço chegou de surpresa ao engenho e falou muito. Soubera que estava enchendo a propriedade de 'cabras safados'. Não era direito. Ia naquele mesmo dia falar com o tio Juca sobre o inventário.

O acordo fez-se. Fiquei onde estava. Deram maior valor a Santa-Rosa para que me bastasse. Tio Juca e os outros ficaram onde estavam. Tudo se fez em paz. E o meu inimigo veio, com o tio Lourenço, conversar comigo. Pedia permissão para deixar o gado dele no cercado de Crumataú.

E a família do velho Zé Paulino resolveu devorar o seu espólio, calada. Vendeu gado para se pagar as custas.

Tinha ganho Santa-Rosa. Era meu, livre de tudo. Todo aquele mundo de terras me pertencia de portas fechadas. Gado muito para o serviço, mais de cem bois de carro, burrama grande,* safra no campo para colher e um povo bom para mandar nele. Era senhor de engenho. Muitos levavam uma vida para chegar àquela situação e conquistar o direito de mandar em terras e gente.

Quando me vi sòzinho, saí para ver o que era meu. Vi as máquinas, as formas de zinco da casa de purgar. Ninguém naquelas redondezas tinha melhores. A vista perdia-se no que era meu, só meu. Parecia um judeu contando o dinheiro, de tão satisfeito, de tão ancho, com o que o velho Zé Paulino me deixara. Levara ele mais de oitenta anos a levantar-se de madrugada, a andar de serviço em serviço, a dormir pouco, a romper secas inclementes e cheias medonhas, para que aquele seu neto pudesse estar ali, satisfeito da vida.

Mas, Santa-Rosa estava íntegro, mantido nos seus limites. Seria para ele a maior desgraça se um dia fosse obrigado a perder uma braça de suas terras. Fizera-lhe esta vontade. A sua nave capitânia não sofrera avaria de espécie alguma.*

(from *Banguê,* 1934)

A Casa Assombrada

Escutavam gemidos que vinham lá de dentro. Outros viam um vulto de homem passar de um lado para outro do alpendre.* Os cataventos* velhos davam para puxar água de repente, e por baixo da figueira grande uma moça, nas noites de lua, ficava cismando. Era uma linda moça de cabelos soltos. Os barqueiros tinham visto um vulto branco e muitos deles contavam detalhes. Era uma figura de mulher e trazia uma coisa na mão.

Uns diziam que era uma flor; outros tinham visto a moça com uma criança no colo. Mas o homem de preto ficava andando de um lado para outro, sem parar. Os gritos, os soluços altos, repercutiam no silêncio da noite. Passava-se pela estrada às carreiras, para não ouvir esses ruídos do outro mundo. Agora, um pescador contava que parara com a canoa, lá perto, e vira a casa cheia, toda iluminada, com piano tocando e gente a dançar. Ficou sem fôlego, com a canoa sem governo e foi descendo, levado por uma correnteza esquisita, puxado por uma maré como nunca vira. Tremia, só de falar naquilo. Depois contou tudo. Ele vinha distraído, sem pensar em nada, quando de repente ouviu uma música e viu um clarão de dia. Era na Casa Azul. Olhou bem e tudo lá estava como numa noite de baile. A casa toda iluminada, o alpendre cheio de gente. Perdeu o prumo, afrouxou o leme e quando viu foi a canoa descer como doida.* O certo era que tocavam piano na Casa Azul. A notícia correu o mundo, e o pescador Leonardo andou por aí sem coragem de pegar outra vez no serviço.* Vira a Casa Azul em festas. Contava-se também que uma mulher, que dera para andarilha,* não parava dentro de casa. Diziam que ela estava com o 'fogo corredor'. Saía de casa todas as noites, a altas horas e uma vez viram que ela entrava na Casa Azul. Ia para lá todas as noites. O que ia fazer, ninguém sabia, porém, mais de uma vez, a surpreenderam atravessando a estrada, para entrar no casarão deserto. Era a filha de um mestre de barcaça. Casara-se, tivera filhos, e o marido, sem ninguém saber por que motivo, a abandonou um dia e saiu pelo mundo a fora. Falava-se de coisas dela com um tio, um velho arremediado da Barra.* Tudo porém era sòmente falaço. O que se sabia agora é que ela dera para frequentar a Casa Azul. Um padeiro de Cabo Frio, numa madrugada, vira a mulher saindo de lá.

Devia haver qualquer coisa lá por dentro. Os soluços altos cortavam o silêncio, como urro de cachorro acuado. O que iria fazer aquela mulher? Em casa não parava um minuto, era andando, andando, sempre. Magra, só tinha os ossos, os olhos fundos e aquela inquietude, aquele chamego, aquele andar de alma penada. Era o 'fogo corredor', o que dava nas entranhas e queimava, mesmo depois da morte. Era fogo atiçado pelo demónio. Os parentes da mulher diziam que era doidice. Todo o mundo sabia que não era. Vinha do diabo aquele desespero. Afirmavam que era mentira e que a pobre não vivia na Casa Azul, que parava por lá, como pararia em qualquer lugar, levada pela sua loucura. Quando ela passava de estrada afora, as pessoas, quase a correr, fugiam dela. Tinha parte com o diabo.

Um homem como o cabo Candinho tinha medo de falar da Casa Azul. Lembrava-se dos seus tempos de menino, do temor de sua mãe, de seu pai passando de canoa ao largo e lhe dizendo sempre:

—Deus me livre da tentação.

Os anos se passaram e ela ali de pé, como se fora nova. Outras casas caíram, arriaram, o cupim comera as suas madeiras. A casa de vivenda da salina Concha Grande, num mês de vento Sul, arriou a cumieira,* quase matando gente. O vento comia os ferros das dobradiças, partia as grades, enferrujava até as chaves das portas e a Casa Azul de pé, firme, dando, a quem não conhecesse o lugar, a impressão de que abrigava gente, de que era habitada. O mato crescia em redor, mas nenhuma dessas trepadeiras que se enroscam pelos telhados das casas abandonadas cobria o seu telheiro. Diziam que o demónio fazia ele mesmo a limpeza da casa. Matava as corujas. Diziam que os morcegos chiavam lá por dentro a mandado do diabo. Os mal assombrados tinham ninho lá dentro. O povo conhecia detalhe por detalhe sobre as aparições. O homem de preto que ficava passeando pelo alpendre, alto, magro, fora muito conhecido nas redondezas pelos antigos. Lembravam-se dele. Tinha sua história, sabida por todo o mundo. A história do capitão Lucas andava de boca em boca. Diziam que viera de longe, perseguido, por causa de um crime. Botara negócio no Cabo e o negócio foi dando para trás. Pagava as suas contas em dia e a loja minguando. Por lá não passava ninguém para negócio.* Uma vez o viram por perto da Casa Azul, e aquilo correu de boca em boca. O capitão Lucas estava de camaradagem

A Casa Assombrada

com os fantasmas e era capaz de ser um mandado, uma pessoa marcada para desgraçar os outros. E o negócio do homem se afundando. Ficava ele na porta da loja, em pé, vestido de preto e a casa vazia e o povo correndo dele. Dava azar, era pé frio.* Os fregueses não apareciam. As contas se atrasaram e uma manhã, viram urubu em cima da casa. Havia dois dias que a loja do capitão estava fechada. Arrombaram as portas e encontraram esticado, com a corda no pescoço, o pobre capitão, morto. Enterraram-no como um miserável. Andavam atrás de gente para carregar o caixão e não apareceu ninguém. Por fim tiveram de recorrer aos presos da cadeia. Diziam que esses homens levaram dois dias vomitando e com um calor de febre no corpo. Depois, o capitão ficou aparecendo na Casa Azul. O primeiro que o viu, todo de preto, como se estivesse à porta da loja, foi um pescador de camarão. Numa noite de lua, clara como se fosse de dia, avistou ele o capitão. Tremeu-lhe o corpo, parou com o leme e se não fosse a mansidão da lagoa, teria virado a canoa. E o capitão começou a ser visto. Era hoje figura conhecida de todos aqueles que, sòzinhos, passassem de noite por ali. O cabo Candinho nunca o vira. Deus o protegia dessa forma. Às vezes, fazia as suas pescarias, sem os filhos, e nunca tivera a infelicidade de deparar com visagens.* A mãe Filipa lhe dizia que os fantasmas sabiam escolher gente a quem se mostrar. Ouvia os amigos contando casos, narrando factos de assombração e acreditava. Não mentiam. Muitos eram homens de palavra e falavam de coisas misteriosas, em passagens de arripiar cabelos. Tinham visto a moça, de branco, com a flor na mão, debaixo da figueira grande. Ninguém sabia quem era aquela moça. Diziam que era muito bonita, de cabelos arrastando nos pés; sorria, fazia sinais para os que passavam de longe. Devia ser gente dos antigos da Casa Azul. O povo de lá se havia sumido, se acabara. Os que restavam foram para longe. Nem era bom falar naquela gente. A moça de branco era capaz de ser da raça infeliz. A velha Filipa sabia de histórias, mas não queria contar. Os velhos da terra fechavam a boca quanto ao passado sinistro. O cabo Candinho ouvia os amigos falando, contando e ouvia tudo, sem uma palavra. Nos seus tempos de menino ficara horas seguidas escutando as histórias dos pescadores. Nas noites de escuro, as coisas cresciam e os fantasmas viviam mais. Sua mãe dizia sempre:

—Escuta, meu filho, foge de lá, foge do pegadio com o

demónio. Eles se foram, desgraçaram muita gente, mas o mal ficou pegado nas paredes, nas telhas, nos caibros, nas linhas. O diabo ficou dançando lá por dentro.

Eram estas as palavras de sua mãe. Hoje ela estava cega, mas o juízo era firme.

—Meu filho, eu me alembro ainda. Foi num dia de Agosto. À tardinha, o mestre Luís vinha com o seu barco carregado de sal. Vinha de vela solta, manobrando no fácil* e quando se viu, foi uma coisa rodando na lagoa, como um peru tonto, rodando até que se sumiu ali no canal grande. Era que o mestre Luís andava metido com eles. Era homem bom, mas dera para sonhar com botija.* Toda noite, contava à sua mulher:

Vinha uma moça lhe dizer:—Mestre Luís, lá no quarto grande da Casa Azul tem dinheiro de ouro escondido.

Ele acordava e dizia para mulher:

—Minha mulher, a moça me apareceu outra vez, dando os sinais da botija. O dinheiro de ouro está enterrado no quarto grande, na camarinha maior.

E o mestre Luís perdeu o juízo, esburacou a casa, e deu no que deu.* Hoje está lá debaixo de água, chorando como menino novo. A mulher mandou rezar missa, fizeram promessa, foram em penitência, de joelhos, até à igreja do arraial, mas ele ainda hoje está no fundo, penando.

Dinheiro escondido, dinheiro enterrado. Falavam muito do ouro da Casa Azul. Uma vez apareceu no Cabo Frio um homem que se deu logo com todo o mundo. Vinha de longe. Chegara num navio de sal, de volta do norte. Saltou no Cabo e foi ficando na terra. Era um homem viajado, cheio de vida e contava muita coisa de suas viagens. Fora soldado, fora marinheiro, estivera no estrangeiro embarcado. O povo gostou muito dele. E seu Mário ficava no cais das barcaças, cercado sempre de gente, ouvindo as suas histórias. Dizia-se do norte, filho do Ceará.* Mas o mundo para ele era brincadeira. Estivera até nas terras do bacalhau e morara na América. E seu Mário foi criando fama, estimado. Um dia dera para sair de noite lá para as bandas das salinas. Aquilo deu nas vistas. Tinham falado ao homem do ouro escondido na Casa Azul e seu Mário não pensava mais em outra coisa. E assim ficou com a história da botija na cabeça. Lembrava-se das histórias de sua terra, das botijas desenterradas nas casas velhas do seu sertão: vinha o sonho, vinham as indicações, o sinal da fortuna e a pessoa

A Casa Assombrada

escolhida ia mesmo em cima das moedas de ouro.* Por isso seu Mário andava daquele jeito. Já nem parecia o mesmo, vivia triste, sem dar conversa. O povo começou a cismar. Que teria acontecido com seu Mário? Um dia apareceu um pescador com a notícia. Na praia dos Búzios haviam encontrado um homem inchado, todo roído de siris;* foram ver e era seu Mário. Correu a notícia: ele se tinha metido com o dinheiro da Casa Azul. Cavara, cavara e deu para ficar triste, até que procurou a morte. Era tão alegre, e correra tantas terras! O demónio, no entanto, quisera seu Mário para as suas festas.

E a história do velho Napoleão? O velho Napoleão parecia tão feliz! A mulher era professora e ele não precisava matar-se para viver. Vivia bem. Tinha a casa que fora de seu pai, para morar, e uma mulher com ordenado. O velho Napoleão vadiara a vida inteira. Casara com a professora e para que estragar as mãos e castigar o corpo? Gostava de danças, fora o melhor marcador de quadrilhas do Cabo Frio. Homem divertido, de bom coração. Vivia na roda das moças, nem parecia ter a idade que tinha. Mas sucedeu o que nunca ninguém esperava que sucedesse com o velho Napoleão. Quem poderia pensar que aquele homem, tão fora de ambições, desse para o que deu? O velho Napoleão sonhava com botijas. Era sabido que sonho de botija não se contava a ninguém. Senão a coisa se perdia. O velho ficou em casa, num canto, cismando, sem dar uma palavra. A mulher procurou sondar, e nada. O velho calado, pensando. Depois começou a sair de noite. Ia de estrada a fora para a banda das salinas. Encontraram o velho sòzinho, sentado debaixo da figueira, olhando para a lagoa. Muitos acreditavam que tivesse perdido o juízo. A mulher pediu jubilação para tratar dele* e quando falou em levá-lo para o Rio, o velho se enfureceu dentro de casa. E falou aos gritos: eram todos uns ladrões. Todos queriam roubá-lo, ele tinha os segredos da botija da Casa Azul, ele sabia dos sinais. Sim, agora contava tudo. Tinha recebido em sonho a visita da moça da figueira grande, que lhe dera todos os sinais da botija de ouro. Era o ouro escondido, o ouro roubado do navio do Porto do Inglês. Eram moedas que davam para encher uma barrica. Ele sabia do segredo, dos recantos secretos e queriam roubá-lo. Fossem para o diabo, mas com ele não podiam. E quis pegar a mulher, quebrou os pratos da casa, gritou, urrou como um bicho enfurecido. Espalhou-se a notícia por toda a parte. O velho Napoleão se desgraçara para sempre. Fora coisa da Casa Azul. Bem que já o tinham visto rondando por lá, com jeito esquisito.* E ele se acabando. Dia e noite falava sòzinho, com sombras:

—Foi assim: eu estava de passagem, quando ouvi a voz de uma mulher me chamando. Voltei e era uma moça linda, com porte de princesa, de grande dama. Parecia que eu já tinha visto aquela moça. Tinha mesmo as feições de pessoa conhecida. E foi dizendo:

—Napoleão, eu te chamei para te ensinar os segredos da botija da Casa Azul.

E lhe dera os sinais.

—Mas ninguém deve saber desse segredo, Napoleão.

Outra vez, ele estava numa dança, tinha marcado uma quadrilha e estava cansado. Deixou a sala do baile, que era na casa do comendador Marques e se recostou no sofá. Quando ouviu, foi uma voz lhe chamando. Uma moça sentou-se ao seu lado. Não a tinha visto na dança. Ficou espantado e ela foi logo lhe dizendo:

—Não é por nada não, Napoleão, mas eu gosto de você. Destes rapazes daqui, é você quem dança melhor, quem tem melhor conversa. Por isso eu vou lhe contar uma coisa. Olhe, tome cuidado. Ali na Casa Azul, naquele canto...

Aí o velho parava e gritava:

—Não conto mais. Todos vocês querem que eu diga o lugar. Está aí.

E se levantava da cadeira, sacudia os braços num gesto brutal.

—Está aí o que eu conto a vocês—e ria com uma violência diabólica.

O velho Napoleão passou assim muitos anos. Foi murchando, ficando pequeno, que até parecia um menino barbado. Pobre do velho Napoleão, fora atrás dos agrados do diabo.

Os padres que passavam pela freguesia criticavam aquelas crendices. Aquilo era fruto da ignorância. Deus não podia permitir semelhantes bobagens. Ouviam as palavras dos vigários, e acreditavam mais nos mal-assombrados do que em Deus. Deus nunca dera sinais do seu corpo, de sua forma, como aquele homem de preto e aquela moça de branco. Podia ser que fosse mentira de uma pessoa, mas eram tantos os que viam, eram tantos os que distinguiam de noite as figuras do outro mundo, que todos acreditavam nelas. Podia ser que os padres tivessem poder maior, para fugir de tudo aquilo. Viviam com a hóstia na carne e bebiam o sangue de Deus, mas que os mal-assombrados apareciam, não

A Casa Assombrada

havia dúvida. O frio que eles sentiam no corpo, o tremor nas pernas, quando passavam pelos sítios das aparições, eram bem a evidência da realidade Havia uns dez anos, um homem no Rio, quando o sal dera preço elevado, arrendara as salinas da Casa Azul. Trouxe gente de fora, montou os cataventos e pôs-se ao serviço com coragem. Passava-se por lá e viam-se os homens no trabalho. Deu febre nos trabalhadores, a sezão* chupara o sangue dos pobres. E o ricaço trouxe mais gente. Tinha que botar tudo aquilo em ponto de produzir. Gastou dinheiro, e no fim, quando tudo estava em ponto de começar a render, sucedeu o que todo o mundo esperava. Vinha ele um dia para o Cabo, e na serra do Rio Bonito o automóvel espatifou-se num barranco. Contava-se que o homem ficara em estado de não ser reconhecido. E outra vez a mataria tomou conta da Casa Azul.* Os cataventos por muito tempo ficaram batendo asas, gemendo nos eixos, até que a maresia deu conta deles. Sabia-se que aquilo só podia dar em desgraça. Queriam bolir com* a força do destino, com os mandados do diabo.

(from *Água-mãe*, 1941)

Jorge Amado

Born in 1912, near Ilhéus (Bahia), a centre of the cacao boom, Jorge Amado is the author of some twenty novels. His radical political convictions, evident in many of them, led to his election as a Communist deputy in 1946 and a period of exile shortly thereafter. He now lives in Salvador.

In the passage which follows, the figure of Lucas Arvoredo is seemingly based on that of Virgulino Ferreira, 'Lampião', the most notorious bandit of this century. The second piece provides a good illustration of this novelist's more recent manner: comic, discursive, good-humouredly tolerant of human foibles and the baser instincts.

Cangaceiros na Cidade*

O viajante esperava ter tempo para avisar,* durante a sessão do cinema. O prefeito voltara com os dois contos que faltavam,* disse que o cinema poderia funcionar daí a meia hora. O caixeiro-viajante fazia planos. A exibição demoraria, pelo menos, hora e meia. Poderia avisar, os maridos e pais que tratassem de esconder as filhas, de levar para os matos. Ele iria buscar a senhora do tenente, sabia de um lugar onde os cangaceiros nunca a encontrariam.

Mas não contava que Lucas resolvesse levar todo mundo* para o cinema. Assim que o prefeito deu a notícia, ele disse aos homens:

—Vão reunir o pessoal da cidade para o cinema. Tudo que fôr mulhé e os homens graúdo...* Tudo, sem faltar nenhum... E vosmecê—ordenava ao prefeito—vá dizer à banda de música pra se preparar, que Lucas Arvoredo quer dançar hoje.

O prefeito tremeu, perguntou:

—Mas o senhor não disse que com os vinte contos ia embora?

—Disse que não matava ninguém e não vou matar. Mas não disse que não ia me adivirtir... Já tão querendo me ver pelas costas?...*—e um brilho de raiva passou no seu olhar.

Alguns homens já estavam bêbados, aos demais faltava pouco. O prefeito olhava para o caixeiro-viajante, mas esse estava aca-

Cangaceiros na Cidade

brunhado com a impossibilidade de realizar seu plano. Falou sem
convicção:
—Não é isso...
—Seu moço, cale a boca... Não se meta onde não é chamado. E
me responda a pergunta que lhe fiz: qual é o mió lugar pra se
dançar aqui?...
—O salão da Filarmónica...
—Pois é nesse o baile... Vá avisar, Seu Intendente...
O prefeito vacilava ainda, mas um homem se aproximou dele.
Saiu cambaleando como um bêbado. Lucas chamou-o:
—E leve a sua famia...*
—Não está aqui. Estão fora, em casa de um amigo...
—Fugiro?*
—Não. Já tinham ido há mais de mês...
—Pode ir e ande depressa...
Já não estava de bom humor. Restavam apenas dois cangaceiros
na sala, os demais tinham partido. Ficaram somente aqueles que
haviam estado de guarda. Lucas esperou que eles terminassem de
comer.
—Quanto lhe devo?—perguntou a Clemente.
—O que o senhor quiser pagar...
Botou uma nota de quinhentos mil-réis na mesa.
—Chega?
—'tá até de mais...*
—Vá botar o paletó pra ir pra festa. E sua mulhé, cadê ela?*
—'tá doente... —Clemente tremia.
—'tava aqui quando nóis chegou... Fale a verdade.
Clemente se ajoelhou, estendeu as mãos:
—Seu Lucas, leve seu dinheiro, o jantar eu lhe ofereço... Mas
dispense minha mulhé, a pobre é doente, é capaz de morrer só de
saber...
Lucas guardou o dinheiro, empurrou o hoteleiro com o pé,
Clemente perdeu o equilíbrio e caiu.
—Some de minha vista... O que te vale é que tua mulher é um
couro que nem macaco* quer...
Ainda restavam no armário umas garrafas. De cachaça e vinho.
Lucas mandou que os homens as recolhessem:
—Pra alegrar a festa...
Voltou-se para o caixeiro-viajante:
—Vamos, seu moço. Vosmecê é meu convidado... Não precisa

ter medo, vosmecê é solteiro... Pode escolher a muié* que quiser...

O viajante imaginava o que estaria sucedendo à viúva do tenente. Os músculos do seu rosto doíam quando ele fazia força para rir das pilhérias que Lucas Arvoredo ia dizendo no caminho para o cinema. Arrependia-se agora de não ter fugido como os demais hóspedes. Na rua viam-se passar, sob a guarda do fuzil dos cangaceiros, as famílias assustadas, mulheres desgrenhadas, homens alarmados, em direcção ao cinema. Um dos cangaceiros cantava uma velha moda do sertão que falava nos feitos de Lucas Arvoredo:

> *Lá vem Lucas Arvoredo,*
> *armado com seu punhal.*
> *Nos homem ele mete medo*
> *prás mulhé é um rosedal...*
>
> *Lá vem Lucas Arvoredo,*
> *armado com seu punhal.*
> *Menina não tenha medo*
> *que eu não vou lhe fazer mal...*

As mulheres e os homens eram empurrados para dentro do cinema. Além da plateia havia uns camarotes laterais e foi no primeiro deles que Lucas se aboletou com um jagunço* e o caixeiro-viajante. Na plateia umas cinquenta pessoas se encolhiam nas cadeiras. Lucas assinalou o juiz, que, ao lado da mulher e das filhas, perdera todo o resto da pose. Gritou por um homem, apareceram uns três.

—Traz o juiz pra um camarote...

A esposa do juiz era gordíssima, e as filhas, três moças entre os vinte e trinta anos, a acompanhavam na largura do corpo. Uns seios enormes precipitavam-se para a frente. Choravam todas e Lucas fez uma careta ao vê-las:

—Que zebus...

O caixeiro-viajante sorriu contrafeito. Sob a guarda de um homem, o juiz ficou no camarote vizinho e minutos depois o prefeito também era trazido para ali. Esperando que o filme se iniciasse, Lucas examinava as mulheres chorosas da plateia. Fixou-se numa vestida com um *tailleur* azul-claro, as faces alvas,

Cangaceiros na Cidade

cabelos loiros. Não era bonita aos olhos dos rapazes da cidade. Mas o que encantou Lucas foi o cabelo loiro se derramando sobre os ombros, cortado em franjinhas na testa, emagrecendo e empalidecendo o rosto da moça.

—Quem é aquela?—perguntou ao caixeiro-viajante.

É a professora do grupo escolar...

Fez um sinal ao capanga* que estava a seu lado:

—Traga ela praqui...

A moça veio quase aos arrastões, entre os olhares apavorados dos demais. Os assistentes formavam um bando aterrorizado. Nenhum deles sabia o que lhe podia acontecer e aos seus. Consideravam-se felizes se pudessem escapar com vida. A crónica de Lucas Arvoredo era um suceder de crimes, de assassinatos, saques de cidade, estupros de jovens.

Quando a professora chegou ao camarote, Lucas disse:

—Não chore, dona. Não sou bicho do mato... Se abanque na cadeira, pare com essa choradeira...

A moça sentou-se na cadeira ao seu lado, encolheu-se toda num canto. Lucas adiantou a mão pesada e calosa, suja ainda de comida, segurou nos cabelos finos e doirados, macios como seda, afundou os dedos, num prazer que lhe andou pelo corpo todo até à ponta dos pés. Riu para ela, tinha poucos dentes, a moça encolheu-se ainda mais. Ele baixou a mão, descansou-a no seu cangote magro, voltou a brincar com seus cabelos.

Zé Trevoada entrava no cinema arrastando a viúva do tenente. Puxava-a pelos braços, já lhe dera umas bofetadas pelo caminho. Ela viera como estava em casa, de chinelas, despenteada, aos soluços. Ele a atirou como um fardo em cima de uma cadeira:

—Fica ai, mula...

Os assistentes olhavam num silêncio de ódio e terror. Mulheres tapavam o rosto com a mão, que lhes iria suceder? Apenas Quinquina, uma solteirona de quase quarenta anos, não parecia amedrontada. Quando o cangaceiro a tocara de casa em caminho do cinema, ela até sorriu para ele, admirando sua juventude. Era Bico Doce, um dos bandidos de mais terrível legenda, apesar de não ter sequer vinte anos.

Lucas achou que a sessão estava demorando a começar e temeu uma traição. Mandou reforçar a guarda em torno ao cinema, botar um homem em cada esquina. Disse ao prefeito e ao juiz:

—Se aparecer macaco por aqui, eu liquido vocês dois logo—e

135

mostrou a mulher e as filhas do juiz.—E essas vaca também... E tem mais: se esse cinema não começar logo, eu vou-me entender com o dono...

O prefeito levantou-se no camarote (o juiz não tinha mais forças), balbuciou o nome de Gentil, o dono do cinema apareceu:

—Seu Lucas 'tá querendo que comece logo...

—Estava esperando que ele mandasse...

As luzes se apagaram. O caixeiro-viajante notou o movimento de Lucas, soltando o cabelo da moça, segurando o revólver. A professora aproveitou-se para afastar-se o mais possível na cadeira. Estava espremida contra as tábuas do camarote, não via sequer os letreiros do filme.

Era um filme de *cow-boys*, do tempo do cinema silencioso. Ainda não possuía o Cine-Teatro Rex um aparelho sonoro. Mas para Lucas e seus homens era indiferente.* Gostavam era de ver os tiros, as corridas a cavalo, Tom Mix (de quem eles não sabiam o nome) dominando os seus adversários. Batiam palmas nas cenas mais heróicas, gritavam animando o 'mocinho'. Novamente eram as crianças que antes haviam admirado o pato de molas.* Lucas chegou a esquecer os cabelos de oiro da jovem a seu lado.

Houve uma cena de luta na qual Tom Mix enfrentou uns vinte homens e a todos venceu com seu braço poderoso. Lucas não resistiu, quis ver de novo, mandou que passassem devagar,* bem devagar. Os assistentes seguiam mudos as aventuras na tela, aqueles bandidos que perseguiam a noiva de Tom Mix eram risíveis ao lado de Lucas e do seu bando, dessa presença terrível dos cangaceiros. No escuro não os viam bem, mas sentiam o odor que vinha deles, azedo e fétido. E ouviam os risos, os comentários:

—Que fia* da puta, aquele de bigode...

Quando a película terminou e as luzes voltaram a se acender, Lucas ainda não estava satisfeito. Deu ordens para que passassem a fita de cabeça para baixo. Aquela era uma das suas diversões predilectas. Quando entrava numa cidade onde havia cinema gostava de ver o filme das duas maneiras. E recomeçou a tortura para os assistentes. Apenas Quinquina riu ao ver os personagens com os pés para cima, andando ao contrário, a terra onde devia estar o céu.

Houve também uma fita de Carlitos e eles riram com as peripécias do vagabundo. O vilão era um gigante fortíssimo e, quando ele começou a bater em Carlitos, um dos cangaceiros não resistiu, mandou três balas na tela. Mulheres desmaiaram, mas o vilão continuou sua tarefa:

—Não bate no hominho, fio de uma égua...

Finalmente as luzes acenderam-se. A viúva do tenente estava desacordada, Zé Trevoada jogou-a no ombro, saiu com ela. Os cangaceiros enquadraram os assistentes, tocaram-se todos para o salão da Filarmónica. Lucas ia de braço com a professora, aproximou o nariz do seu cabelo de oiro, aspirava o perfume da moça, ria contente.

Uma filha do juiz, alucinada de medo, quis fugir. Um cangaceiro derrubou-a com uma tapona,* a mãe foi chorando levantá-la. O juiz também tinha lágrimas nos olhos. Os músicos, na Filarmónica, começaram a tocar quando eles apareceram na esquina. Do bar tinha vindo todo o estoque de cachaça e de vinho. No céu brilhava uma lua redonda e amarela, baixa sobre as casas, derramando sua luz sobre os cabelos loiros da professora, dando-lhe nuanças novas e ainda mais belas.

(from *Seara Vermelha*, 1946)

Cada Coisa em Seu Lugar

Quatro vêzes por dia, ao menos, ao ir e vir de casa para a farmácia e vice-versa, o 'soberbo quarentão' (segundo a bola de cristal de dona Dinorá) passava sob a janela, onde, em robe decotado, dona Magnólia plantara uns seios insolentes, tão grandes e redondos quanto oferecidos. Os rapazes do Ginásio Ipiranga, instalado em rua proxima, mudaram seus itinerários, para unânimes desfilarem em continência* sob a janela onde cresciam aquêles seios capazes de amamentar a todos êles. Dona Magnólia enternecia-se: tão lindos com suas fardas de colegiais, alçando-se os mais pequeninos nas pontas dos pés para a alegria de ver, o sonho de apalpar.—Deixá-los penar para aprender—, discorria pedagógica dona Magnólia dando um jeito para exibir ainda melhor seios e busto (que o mais não lhe permitiam infelizmente expor na moldura da janela).

Penavam os garotos do colégio, gemiam artesões da redondeza, caixeiros transportando compras, jovens como Roque, o das molduras, velhos como Alfredo às voltas com seus santos.* Vinha gente de longe, da Sé, da Jiquitáia, de Itapagipe, do Tororó, do Matatu, em peregrinação, apenas para ver aquelas faladas maravilhas. Um esmoler às três da tarde, em ponto, sob o sol, cruzava a rua:

—Esmola para um pobre cego das duas vistas...

A melhor esmola era a visão divina na janela: mesmo com o perigo do desmascaramento, arrancando os óculos negros, patolava os dois olhos de uma vez e arregalados naqueles dons de Deus, bens da polícia.* Se o secreta o perseguisse e o metesse no xadrez, sob a acusação de impostura, de falsificação da mendicância, ainda assim se daria o ceguinho por bem pago.

Apenas doutor Teodoro, todo engravatado, na pompa de seu traje branco, nem erguia os olhos para o céu exposto na janela. Curvando a cabeça, num cumprimento de fina educação, tirava o chapéu a desejar bom dia e boa tarde, indiferente à plantação de seios que dona Magnólia cercara de rendas para obter maior efeito, para abalar aquêle homem de mármore, para destruir aquela fidelidade conjugal, insultuosa. Só êle, o morenaço, o bonitão, com certeza um pé-de-mesa, só êle passava sem deixar transparecer o impacto, a alegria, o êxtase, sem ver, sem olhar sequer aquêle mar de seios. Ah! era demais, ultraje revoltante, insuportável desafio.

Monógamo, garantia dona Dinorá, conhecedora de todos os particulares da vida do doutor. Aquêle não era de trair mulher, não o tendo feito sequer com Tavinha Manemolência, mulher pública se bem restrita em sua freguesia. Dona Magnólia, porém, tinha confiança em seus encantos:—minha cara cartomante, tome nota, escreva o que lhe digo, não existe homem monógamo, nós o sabemos, eu e vosmicê. Espie na bola de cristal e se ela fôr de confiança lhe mostrará o doutor na cama de um castelo*—o de Sobrinha, para ser exata—tendo a seu lado, tôda pimpona, essa sua criada* Magnólia Fátima das Neves—.

Não se abalara o doutor com os olhos de desmaio da vizinha, com sua voz de convite a responder-lhe o cumprimento, com os seios plantados na janela, crescendo à sombra e ao sol no desejo dos meninos, no gemer dos velhos? Riu-se dona Magnólia, tinha outras armas, ia empregá-las, entrar em ofensiva imediata.

Assim, em certa tarde de mormaço, um pêso no ar pedindo brisa e cafuné,* agrados de cama e cantigas de ninar, dona Mag-

Cada Coisa em Seu Lugar

nólia transpôs os batentes da farmácia, levando na mão uma caixa de injeções para a nova tentação de Santo Antônio. Vestida de verão, com um trapo de fazenda leve, ia mostrando riquezas ao passar, num desperdício.

—Pode o doutor me aplicar uma injeção?

Doutor Teodoro media nitratos no laboratório, a bata amidoada a fazê-lo ainda mais alto e a lhe dar certa dignidade científica. Com um sorriso ela lhe estendeu a caixa de injeções. Êle a tomou, depositando-a sôbre a mesa, e disse:

—Um momento...

Dona Magnólia ficou de pé a contemplá-lo, cada vez lhe agradava mais. Um tipão, na boa idade, de muita fôrça e valentia. Suspirou e êle, deixando os pós e a fórmula, para a vizinha ergueu os olhos:

—Alguma dor?

—Ah! Seu doutor...—e sorriu como a dizer-lhe ser de cotovêlo sua dor e êle a causa.*

—Injeção?—examinava a bula—Hum... Complexo de vitaminas... Para manter o equilíbrio... Êsses remédios novos... Que equilíbrio, minha senhora?—e sorria gentil como se achasse perda de tempo e de dinheiro aquêle tratamento de injeções.

—Dos nervos, seu doutor. Sou tão sensível, o senhor nem sabe.

Tomava êle das agulhas com uma pinça, retirando-as da água quente, atento ao transpor o líquido para a seringa, calmo e sem pressa, cada coisa de uma vez e em seu lugar. Um dístico, pendurado sôbre a mesa de trabalho, era uma declaração de princípios claramente exposta: 'Um lugar para cada coisa e cada coisa em seu lugar'. Dona Magnólia leu, sabia de uma coisa e de um lugar, maliciosa fitou a face do doutor; homem seguro de si, um figurão!

Após encharcar em álcool um capucho de algodão, suspendeu a seringa:

—Levante a manga...

Voz de dengue e malícia, observou dona Magnólia:

Não é no braço não, doutor...

Ele puxou a cortina, ela suspendeu a saia, exibindo aos olhos do doutor riqueza ainda bem maior e mais soberba do que aquela exposta diàriamente na janela. Era uma bunda e tanto, das de tanajura.*

Nem sentiu a picada, doutor Teodoro tinha a mão leve e segura. Agradável sensação de frio lhe deu o algodão calcado contra a pele no dedo do doutor. Uma gôta de álcool correu-lhe pelas coxas, ela novamente suspirou.

Uma vez mais doutor Teodoro errou na interpretação daquele doce gemer:

—Onde lhe dói?

Ainda a segurar a borda do vestido na ostentação dos quadris até ali irresistíveis, dona Magnólia fitou o preclaro personagem bem nos olhos:

—Será que não entende, que não entende nada?

Não entendia mesmo:

—O quê?

Já com raiva, ela largou a barra do vestido, cobrindo a desprezada anca, e, por entre os dentes, falou:

—Será mesmo cego, será que não enxerga?

A bôca, semi-aberta, a face parada, os olhos fixos, o doutor se perguntava se ela não teria enlouquecido. Dona Magnólia, ante tamanho monumento de estultícia, concluiu sua pergunta:

—Ou é mesmo trouxa?

—Minha senhora...

Ela estendeu a mão e tocou a face do luminar da farmacologia, e com a voz novamente em desmaio e dengue largou tudo:

—Não está vendo, tolo, que estou caída por você, babada, doidinha? Não está vendo?

Foi se aproximando, seu intento era agarrar o cauteloso ali mesmo, pelo menos em preliminares, e nem uma criança se enganaria ao vê-la de lábios estendidos, de olhos em langor.

—Saia!—disse o doutor em voz baixa mas de rude acento.

—Meu mulato lindo!—e o atracou.

—Saia!—o doutor repelia aquêles braços ávidos, aquela bôca voraz, plantado em seus princípios, em suas convicções inabaláveis.—Fora daqui!

Majestoso em sua virtude inflexível, de seringa e de bata branca, o rosto indignado, se o doutor estivesse sôbre um pedestal seria o perfeito monumento, a fulgurante estátua da moral vitoriosa sôbre o vício. Mas o vício, ou seja a descomposta e humilhada dona Magnólia, não fitava o impoluto herói com olhos de remorso e contrição e, sim, de nojo e ira, em fúria:

—Broxa! Capado! Você me paga, seu banana, seu chibungo velho!—e saiu para intrigar.*

Pobre dona Magnólia, vítima do desprêzo e do acaso, realmente

Cada Coisa em Seu Lugar

em mar de urucubaca,* pois foram os mais imprevistos os resultados de sua intriga, redundando em fracasso seus planos de vingança. Enfática e insultada (em seu recato, em sua honra de manceba séria), queixara-se ao secreta da 'perseguição daquele bode imundo, o farmacêutico', um completo sem-vergonha a lhe fazer propostas, a lhe repetir dichotes, a convidá-la a ir com êle ver o luar nas areias de Abaeté. Estava o canalha a merecer uma lição, uns trancos pertinentes, talvez breve passagem pelo xilindró com bolos de palmatória* para lhe ensinar respeito às mulheres dos demais.

Nada dissera antes para evitar barulho e para não dar desgôsto à mulher dêle, tão boazinha. Mas, naquele dia o tipo exagerara...* Ela fôra à farmácia tomar uma injeção e o patife quisera meter-lhe a mão nos peitos, obrigando-a a sair correndo...

Em silêncio o secreta ouviu tôda a história, e dona Magnólia, conhecendo-o bem, constava a raiva cada vez maior na face de seu homem: o doutor lhe pagaria caro a ofensa, pelo menos uma noite de xadrez.

Naquela tarde o policial se atritara com um colega, em conseqüência de erros de cálculo na barganha de uns mil-réis extorquidos a bicheiros.* No diálogo um tanto áspero a preceder a troca de socos e bofetões, tendo o amásio de dona Magnólia rotulado o companheiro de gatuno, dêle ouviu revelações de estarrecer: 'antes ladrão, disse êle, do que chifrudo, côrno manso como o caro amigo'. Acrescentara em seguida as provas de certas peripécias recentes de dona Magnólia. Em resumo lhe informou que, só colegas da polícia, eram cinco a se revezarem na tarefa de decorar a testa do distinto. Sem falar no delegado de costumes.* Se lhe pusessem uma lâmpada em cada chifre, dava para iluminar meia cidade, do Largo da Sé ao Campo Grande. Podia não ser ladrão, mas era a vergonha da polícia. Foram aos tabefes.*

De honra limpa na peleja, fêz as pazes com o confrade e dêle e de outros escutou informações de estarrecer: já tinha ouvido falar numa tal de Messalina? Não é da zona não, é da História, e foi a tal. Pois, junto de dona Magnólia, era donzela pura...

Acabrunhado, a vergonha da polícia jurou vingança, num plágio aliás da ameaça de dona Magnólia ao farmacêutico:

—Vaca! Vai me pagar!

Assim, ouviu com ceticismo tôda aquela lenga-lenga* e, mal dona Magnólia acabara de citar os próprios seios com tanta dignidade defendidos dos pseudo-avanços do doutor, o detetive meteu-lhe a mão nas fuças* e lhe exigiu completa confissão.

Surra de perito, de alguém com experiência e gôsto. Dona Magnólia contou o que fêz e o que não fêz, inclusive casos antigos, sem ligação nenhuma com o polícia, e, de lambugem,* a completa verdade sôbre suas relações com doutor Teodoro. Completa verdade, em têrmos, pois ao inocentá-lo não deixou de opinar* sôbre o doutor: impotente, com muita figura e nenhuma serventia, pois jamais alguém lhe fizera a injúria de resistir à paisagem de seu traseiro levantado em guerra.

Foi um alvorôço pela rua, um bafafá. Os tapas e os gritos, os palavrões, trouxeram para frente da casa do secreta curiosa e fremente malta de vizinhos, comadres e alunos do Ginásio. As comadres e em geral a vizinhança apoiavam a surra, bem merecida e bem aplicada, com um único defeito: haver tardado tanto. Os rapazolas do colégio sofriam cada bofete, cada safanão como se fôra na própria carne, sendo naquela carne de ternura e dengue por todos êles possuída em adolescentes leitos solitários. Houve noites nas quais ela dormiu, ubiqua fêmea, onipresente pastôra de meninos, mestra do amor, em mais de quarenta camas juvenis num só tempo de sonho e de arrebol.

(from *Dona Flor e Seus Dois Maridos,* 1966)

João Guimarães Rosa

João Guimarães Rosa was born in Cordisburgo (Minas Gerais) in 1908. He wrote a few stories while a medical student, but did not take up writing seriously until 1937, with a collection—Sagarana—which was published, in a much revised version, only in 1946. By this time a career diplomat, Rosa continued to prepare his work for publication with great care. One novel, a collection of novelas *and two sets of* estórias *appeared before his death in 1967.*

In the passage which follows, from Grande Sertão: Veredas, *the gruesome tale of Maria Mutema is preceded by an example of the ethical doubts and questionings which are so characteristic of this novel. The second piece shows Rosa's concern with matters beyond ordinary human understanding.*

Maria Mutema

Mas, a gente estava com Deus? Jagunço* podia? Jagunço —criatura paga para crimes, impondo o sofrer no quieto arruado dos outros,* matando e roupilhando.* Que podia? Êsmo disso, disso, queri,* por pura toleima; que sensata resposta podia me assentar o Jõe, broeiro peludo* do Riachão do Jequitinhonha? Que podia? A gente, nós, assim jagunços, se estava em permissão de fé para esperar de Deus perdão de proteção? Perguntei, quente.

—Uai?! Nós vive...*—foi o respondido que êle me deu.

Mas eu não quis aquilo. Não aceitei. Questionei com êle, duvidando, rejeitando. Porque eu estava sem sono, sem sêde, sem fome, sem querer nenhum, sem paciência de estimar um bom companheiro. Nem o ouro do corpo eu não quisesse, aquela hora não merecia: brancura rosada de uma môça, depois do antes da lua-de-mel. Discuti alto. Um, que estava com sua rêde ali a próximo, decerto acordou com meu vozeio, e xingou xíu.* Baixei, mas fui ponteando opostos.* Que isso foi o que sempre me invocou, o senhor sabe: eu careço de que o bom seja bom e o rúim ruím, que dum lado esteja o prêto e do outro o branco, que o feio fique bem apartado do bonito e a alegria longe da tristeza! Quero os todos pastos demarcados...* Como é que posso com êste mundo? A vida é ingrata no macio de si; mas transtraz a esperança mesmo do meio do fel do desespêro. Ao que, êste mundo é muito misturado...

Mas Jõe Bexiguento não se importava. Duro homem jagunço, como êle no cerne era,* a idéia dêle era curta, não variava.—Nasci aqui. Meu pai me deu minha sina. Vivo, jaguncêio...—êle falasse. Tudo poitava simples.* Então—eu pensei—por que era que eu também não podia ser assim, como o Jõe? Porque, veja o senhor o que eu vi: para o Jõe Bexiguento, no sentir da natureza dêle, não reinava mistura nenhuma neste mundo—as coisas eram bem divididas, separadas.—De Deus? Do demo?—foi o respondido por êle—Deus a gente respeita, do demônio se esconjura e aparta... Quem é que pode ir divulgar o corisco de raio do bôrro da chuva,* no grosso das nuvens altas?—E por aí eu mesmo mais acalmado ri, me ri, êle era engraçado. Naquele tempo, também, eu não tinha tanto o estrito e precisão, nestes assuntos. E o Jõe contava casos. Contou. Caso que se passou no sertão jequitinhão, no arraial de São João Leão, perto da terra dêle, Jõe. Caso de Maria Mutema e do Padre Ponte.

Naquele lugar existia uma mulher, por nome Maria Mutema, pessoa igual às outras, sem nenhuma diversidade. Uma noite, o marido dela morreu, amanheceu morto de madrugada. Maria Mutema chamou por socôrro, reuniu todos os mais vizinhos. O arraial era pequeno, todos vieram certificar. Sinal nenhum não se viu, e êle tinha estado nos dias antes em saúde apreciável, por isso se disse que só de acesso do coração era que podia ter querido morrer. E naquela tarde mesma do dia dessa manhã, o marido foi bem enterrado.

Maria Mutema era senhora vivida, mulher em preceito sertanejo.* Se sentiu, foi em si, se sofreu muito não disse, guardou a dôr sem demonstração. Mas isso lá é regra, entre gente que se diga, pelo visto a ninguém chamou atenção. O que deu em nota foi outra coisa: foi a religião da Mutema, que daí pegou a ir à igreja todo santo dia, afora que de três em três agora se confessava. Dera em carola*—se dizia—só constante na salvação de sua alma. Ela sempre de prêto, conforme os costumes, mulher que não ria—êsse lenho sêco. E, estando na igreja, não tirava os olhos do padre.

O padre, Padre Ponte, era um sacerdote bom-homem, de meia idade, meio gordo, muito descansado nos modos e de todos bem estimado. Sem desrespeito, só por verdade no dizer, uma pecha

Maria Mutema

êle tinha: êle relaxava. Gerara três filhos, com uma mulher, simplória e sacudida,* que governava a casa e cozinhava para êle, e também acudia pelo nome de Maria, dita por aceita alcunha a *Maria do Padre*. Mas não vá maldar o senhor maior escândalo nessa situação—com a ignorância dos tempos, antigamente, essas coisas podiam, todo o mundo achava trivial. Os filhos, bem-criados e bonitinhos, eram 'os meninos da Maria do Padre'. E em tudo mais o Padre Ponte era um vigário de mão cheia,* cumpridor e caridoso, pregando com muita virtude seu sermão e atendendo em qualquer hora do dia ou da noite, para levar aos roceiros o confôrto da santa hóstia do Senhor ou dos santos-óleos.

Mas o que logo se soube, e disso se falou, era em duas partes: que a Maria Mutema tivesse tantos pecados para de três em três dias necessitar de penitência de coração e bôca; e que o Padre Ponte visível tirasse desgôsto de prestar a ela pai-ouvido naquele sacramento, que entre dois só dois se passa e tem de ser por ferro de tanto segrêdo resguardado. Contavam, mesmo, que, das primeiras vêzes, povo percebia que o padre ralhava com ela, terrível, no confessionário. Mas a Maria Mutema se desajoelhava de lá, de olhos baixos, com tanta humildade serena, que uma santa padecedora mais parecia. Daí, aos três dias, retornava. E se viu, bem, que Padre Ponte tôdas as vêzes fazia uma cara de verdadeiro sofrimento e temor, no ter de ir, a junjo,* escutar a Mutema. Ia, porque confissão clamada não se nega. Mas ia a poder de ser padre, e não de ser só homem, como nós.

E daí mais, que, passando o tempo, como se diz: no decorrido, Padre Ponte foi adoecido ficando, de doença para morrer, se viu logo. De dia em dia, êle emagrecia, amofinava o modo, tinha dôres, e em fim encaveirou,* duma côr amarela de palha de milho velho; dava pena. Morreu triste. E desde por diante, mesmo quando veio outro padre para o São João Leão, aquela mulher Maria Mutema nunca mais voltou na igreja, nem por rezar nem por entrar. Coisas que são. E ela, dado que viúva soturna assim, que não se cedia em conversas, ninguém não alcançou de saber por que lei ela procedia e pensava.

Por fim, no porém, passados anos, foi tempo de missão, e chegaram no arraial os missionários. Êsses eram dois padres estrangeiros, p'ra fortes e de caras coradas, bradando sermão forte, com forte voz, com fé braba. De manhã à noite, durado de três dias, êles estavam sempre na igreja, pregando, confessando, tirando rezas e aconselhando, com entusiasmados exemplos que enfileiravam o povo no bom rumo. A religião dêles era alimpada e enérgica, com tanta saúde como virtude; e com êles não se brincava, pois tinham de Deus algum encoberto poder, conforme o senhor vai ver, por minha continuação. Só que no arraial foi grassando aquela boa bem-aventurança.

Aconteceu foi no derradeiro dia, isto é, véspera, pois no seguinte, que dava em domingo, ia ser festa de comunhão geral e glória santa. E foi de noite, acabada a benção, quando um dos missionários subiu no púlpito, para a prédica, e tascava de começar* de joelhos, rezando a salve-rainha. E foi nessa hora que a Maria Mutema entrou. Fazia tanto tempo que não comparecia em igreja; por que foi, então, que deu de vir?

Mas aquêle missionário governava com luzes outras.* Maria Mutema veio entrando, e êle esbarrou. Todo o mundo levou um susto: porque a salve-rainha é oração que não se pode partir em meio—em desde que de joelhos começada, tem de ter suas palavras seguidas até ao tresfim.* Mas o missionário retomou a fraseação, só que com a voz demudada, isso se viu. E, mal no amém, êle se levantou, cresceu na beira do púlpito, em brasa vermelho,* debruçado, deu um sôco no pau do peitoril, parecia um touro tigre. E foi de grito:

—A pessoa que por derradeiro entrou, tem de sair! A p'ra fora, já, já, essa mulher!

Todos, no estarrecente, caçavam de ver a Maria Mutema.

—Que saia, com seus maus segredos, em nome de Jesus e da Cruz! Se ainda fôr capaz de um arrependimento, então pode ir me esperar, agora mesmo, que vou ouvir sua confissão... Mas confissão esta ela tem de fazer é na porta do cemitério! Que vá me esperar lá, na porta do cemitério, onde estão dois defuntos enterrados!...

Isso o missionário comandou: e os que estavam dentro da igreja sentiram o rôjo dos exércitos de Deus, que lavoram em fundura e sumidade. Horror deu. Mulheres soltaram gritos, e meninos, outras despencavam no chão, ninguém ficou sem se ajoelhar. Muitos, muitos, daquela gente, choravam.

E Maria Mutema, sòzinha em pé, torta magra de prêto, deu um gemido de lágrimas e exclamação, berro de corpo que faca estraçalha. Pediu perdão! Perdão forte, perdão de fogo, que de dura bondade de Deus baixasse nela, em dôres de urgência, antes

Maria Mutema

de qualquer hora de nossa morte. E rompeu fala, por entre prantos, ali mesmo, a fim de perdão de todos também, se confessava. Confissão edital, consoantemente, para tremer exemplo, raio em pesadelo de quem ouvia, público, que rasgava gastura,* como porque avessava a ordem das coisas e o quieto comum do viver transtornava. Ao que ela, onça monstra, tinha matado o marido—e que ela era cobra, bicho imundo, sobrado do pôdre de todos os estercos. Que tinha matado o marido, aquela noite, sem motivo nenhum, sem malfeito dêle nenhum, causa nenhuma—; por que, nem sabia. Matou—enquanto êle estava dormindo—assim despejou no buraquinho do ouvido dêle, por um funil, um terrível escorrer de chumbo derretido. O marido passou, lá o que diz—do ôco para o ôcão*—do sono para a morte, e lesão no buraco do ouvido dêle ninguém não foi ver, não se notou. E, depois, por enjoar do Padre Ponte, também sem ter queixa nem razão, amargável mentiu, no confessionário: disse, afirmou que tinha matado o marido por causa dêle, Padre Ponte—porque dêle gostava em fogo de amôres, e queria ser concubina amásia... Tudo era mentira, ela não queria nem gostava. Mas, com ver o padre em justa zanga, ela disso tomou gôsto, e era um prazer de cão, que aumentava de cada vez, pelo que êle não estava em poder de se defender de modo nenhum, era um homem manso, pobre coitado, e padre. Todo o tempo ela vinha em igreja, confirmava o falso, mais declarava—edificar o mal. E daí, até que o Padre Ponte de desgôsto adoeceu, e morreu em desespêro calado... Tudo crime, e ela tinha feito! E agora implorava o perdão de Deus, aos uivos, se esguedelhando, torcendo as mãos, depois as mãos no alto ela levantava.

Mas o missionário, no púlpito, entoou grande o *Bendito, louvado seja!*—e, enquanto cantando mesmo, fazia os gestos para as mulheres tôdas saírem da igreja, deixando lá só os homens, porque a derradeira pregação de cada noite era mesmo sempre para os ouvintes senhores homens, como conforme.

E no outro dia, domingo do Senhor, o arraial ilustrado com arcos e cordas de bandeirolas, e espôco de festa,* foguetes muitos, missa cantada, procissão—mas todo o mundo só pensava naquilo. Maria Mutema, recolhida provisória* prêsa na casa-de-escola, não comia, não sossegava, sempre de joelhos, clamando seu remorso, pedia perdão e castigo, e que todos viessem para cuspir em sua cara e dar bordoadas. Que ela—exclamava—tudo isso merecia. No meio-tempo, desenterraram da cova os ossos do marido: se conta que a gente sacolejava a caveira, e a bola de chumbo sacudia lá dentro, até tinia! Tanto por obra de Maria Mutema. Mas ela ficou no São João Leão ainda por mais de semana, os missionários tinham ido embora. Veio autoridade, delegado e praças,* levaram a Mutema para culpa e júri, na cadeia de Arassuaí. Só que, nos dias em que ainda esteve, o povo perdoou, vinham dar a ela palavras de consôlo, e juntos rezarem. Trouxeram a Maria do Padre, e os meninos da Maria do Padre, para perdoarem também, tantos surtos produziam bem-estar e edificação. Mesmo, pela arrependida humildade que ela principiou, em tão pronunciado sofrer, alguns diziam que Maria Mutema estava ficando santa.

(from *Grande Sertão: Veredas*, 1956)

A Terceira Margem do Rio

Nosso pai era homem cumpridor, ordeiro, positivo; e sido assim desde mocinho e menino, pelo que testemunharam as diversas sensatas pessoas, quando indaguei a informação. Do que eu mesmo me alembro, êle não figurava mais estúrdio nem mais triste do que os outros, conhecidos nossos. Só quieto. Nossa mãe era quem regia, e que ralhava no diário com a gente—minha irmã, meu irmão e eu. Mas se deu que, certo dia, nosso pai mandou fazer para si uma canoa.

Era a sério. Encomendou a canoa especial, de pau de vinhático,* pequena, mal com a tabuinha da pôpa, como para caber justo o remador. Mas teve de ser tôda fabricada, escolhida forte e arqueada em rijo, própria para dever durar na água por uns vinte ou trinta anos. Nossa mãe jurou muito contra a idéia. Seria que, êle, que nessas artes não vadiava,* se ia propor agora para pescarias e caçadas? Nosso pai nada não dizia. Nossa casa, no tempo, ainda era mais próxima do rio, obra de nem quarto de légua: o rio por aí se estendendo grande, fundo, calado que sempre. Largo, de não se poder ver a forma da outra beira. E esquecer não posso, do dia em que a canoa ficou pronta.

Sem alegria nem cuidado, nosso pai encalcou o chapéu e decidiu

A Terceira Margem do Rio

um adeus para a gente. Nem falou outras palavras, não pegou matula e trouxa,* não fêz a alguma recomendação. Nossa mãe, a gente achou que ela ia esbravejar, mas persistiu sòmente alva de pálida, mascou o beiço e bramou:—Cê vai, ocê fique, você nunca volte!—Nosso pai suspendeu a resposta. Espiou manso para mim, me acenando de vir também, por uns passos. Temi a ira de nossa mãe, mas obedeci, de vez de jeito.* O rumo daquilo me animava, chega que um propósito perguntei:*—Pai, o senhor me leva junto, nessa sua canoa?—Êle só retornou o olhar em mim, e me botou a bênção, com gesto me mandando para trás. Fiz que vim, mas ainda virei, na grota do mato,* para saber. Nosso pai entrou na canoa e desamarrou, pelo remar. E a canoa saiu se indo—a sombra dela por igual, feito um jacaré, comprida longa.

Nosso pai não voltou. Êle não tinha ido a nenhuma parte. Só executava a invenção de se permanecer naqueles espaços do rio, de meio a meio, sempre dentro da canoa, para dela não saltar, nunca mais. A estranheza dessa verdade deu para estarrecer de todo a gente. Aquilo que não havia, acontecia. Os parentes, vizinhos e conhecidos nossos, se reuniram, tomaram juntamente conselho.

Nossa mãe, vergonhosa,* se portou com muita cordura; por isso, todos pensaram de nosso pai a razão em que não queriam falar: doideira. Só uns achavam o entanto de poder também ser pagamento de promessa; ou que, nosso pai, quem sabe, por escrúpulo de estar com alguma feia doença, que seja, a lepra, se desertava para outra sina de existir, perto e longe de sua família dêle. As vozes das notícias se dando pelas certas pessoas—passadores, moradores das beiras, até do afastado da outra banda—descrevendo que nosso pai nunca se surgia a tomar terra, em ponto nem canto, de dia nem de noite, da forma como cursava no rio, sôlto solitàriamente. Então, pois, nossa mãe e os aparentados nossos, assentaram: que o mantimento que tivesse, ocultado na canoa, se gastava; e, êle, ou desembarcava e viajava s'embora, para jamais, o que ao menos se condizia mais correto,* ou se arrependia, por uma vez, para casa.

No que num engano. Eu mesmo cumpria de trazer para êle, cada dia, um tanto de comida furtada: a idéia que senti, logo na primeira noite, quando o pessoal nosso experimentou de acender fogueiras em beirada do rio, enquanto que, no alumiado delas, se rezava e se chamava. Depois, no seguinte, apareci, com rapadura,* broa de pão, cacho de bananas. Enxerguei nosso pai, no enfim de uma hora, tão custosa para sobrevir: só assim, êle no ao-longe, sentado no fundo da canoa, suspendida no liso do rio. Me viu, não remou para cá, não fêz sinal. Mostrei o de comer, depositei num ôco de pedra do barranco, a salvo de bicho mexer* e a sêco de chuva e orvalho. Isso, que fiz, e refiz, sempre, tempos a fora. Surprêsa que mais tarde tive: que nossa mãe sabia dêsse meu encargo, só se encobrindo de não saber;* ela mesma deixava, facilitado, sobra de coisas, para o meu conseguir. Nossa mãe muito não se demonstrava.

Mandou vir o tio nosso, irmão dela, para auxiliar na fazenda e nos negócios. Mandou vir o mestre, para nós, os meninos. Incumbiu ao padre que um dia se revestisse, em praia de margem, para esconjurar e clamar a nosso pai o dever de desistir da tristonha teima. De outra, por arranjo dela, para mêdo, vieram os dois soldados.* Tudo o que não valeu de nada. Nosso pai passava ao largo, avistado ou diluso, cruzando na canoa, sem deixar ninguém se chegar à pega ou à fala. Mesmo quando foi, não faz muito, dos homens do jornal, que trouxeram a lancha e tencionavam tirar retrato dêle, não venceram: nosso pai se desaparecia para a outra banda, aproava a canoa no brejão,* de léguas, que há, por entre juncos e mato, e só êle conhecesse, a palmos, a escuridão daquele.

A gente teve de se acostumar com aquilo. Às penas,* que, com aquilo, a gente mesmo nunca se acostumou, em si, na verdade. Tiro por mim, que, no que queria, e no que não queria, só com nosso pai me achava: assunto que jogava para trás meus pensamentos. O severo que era, de não se entender, de maneira nenhuma, como êle agüentava. De dia e de noite, com sol ou aguaceiros, calor, sereno,* e nas friagens terríveis de meio-do-ano, sem arrumo, só com o chapéu velho na cabeça, por tôdas as semanas, e meses, e os anos—sem fazer conta do se-ir do viver. Não pojava em nenhuma das duas beiras, nem nas ilhas e croas* do rio, não pisou mais em chão nem capim. Por certo, ao menos, que para dormir seu tanto, êle fizesse amarração da canoa, em alguma ponta-de-ilha, no esconso. Mas não armava um foguinho em praia, nem dispunha de sua luz feita, nunca mais riscou um fósforo. O que consumia de comer, era só um quase; mesmo do que a gente depositava, no entre as raízes da gameleira,* ou na lapinha de pedra do barranco, êle recolhia pouco, nem o bastável. Não adoecia? E a constante fôrça dos braços, para ter tento na

A Terceira Margem do Rio

canoa, resistido, mesmo na demasia das enchentes, no subimento, aí quando no lanço da correnteza enorme do rio tudo rola o perigoso, aquêles corpos de bichos mortos e paus-de-árvore descendo—de espanto de esbarro. E nunca falou mais palavra, com pessoa alguma. Nós, também, não falávamos mais nêle. Só se pensava. Não, de nosso pai não se podia ter esquecimento; e, se, por um pouco, a gente fazia que esquecia, era só para se despertar de nôvo, de repente, com a memória, no passo de outros sobressaltos.

Minha irmã se casou; nossa mãe não quis festa. A gente imaginava nêle, quando se comia uma comida mais gostosa; assim como, no gasalhado da noite,* no desamparo dessas noites de muita chuva, fria, forte, nosso pai só com a mão e uma cabaça para ir esvaziando a canoa da água do temporal. Às vêzes, algum conhecido nosso achava que eu ia ficando mais parecido com nosso pai. Mas eu sabia que êle agora virara cabeludo, barbudo, de unhas grandes, mal e magro, ficado prêto de sol e dos pêlos, com o aspecto de bicho, conforme quase nu, mesmo dispondo das peças de roupas que a gente de tempos em tempos fornecia.

Nem queria saber de nós; não tinha afeto? Mas, por afeto mesmo, de respeito, sempre que às vêzes me louvavam, por causa de algum meu bom procedimento, eu falava:—Foi pai que um dia me ensinou a fazer assim...—; o que não era o certo, exato; mas, que era mentira por verdade. Sendo que, se êle não se lembrava mais, nem queria saber da gente, por que, então, não subia ou descia o rio, para outras paragens, longe, no não-encontrável? Só êle soubesse. Mas minha irmã teve menino, ela mesma entestou* que queria mostrar para êle o neto. Viemos, todos, no barranco, foi num dia bonito, minha irmã de vestido branco, que tinha sido o do casamento, ela erguia nos braços a criancinha, o marido dela segurou, para defender os dois, o guarda-sol. A gente chamou, esperou. Nosso pai não apareceu. Minha irmã chorou, nós todos aí choramos, abraçados.

Minha irmã se mudou, com o marido, para longe daqui. Meu irmão resolveu e se foi, para uma cidade. Os tempos mudavam, no devagar depressa dos tempos. Nossa mãe terminou indo também, de uma vez, residir com minha irmã, ela estava envelhecida. Eu fiquei aqui, de resto. Eu nunca podia querer me casar. Eu permaneci, com as bagagens da vida. Nosso pai carecia de mim, eu sei—na vagação, no rio no êrmo—sem dar razão de seu feito.

151

Seja que, quando eu quis mesmo saber, e firme indaguei, me diz-que-disseram: que constava que nosso pai, alguma vez, tivesse revelado a explicação,* ao homem que para êle aprontara a canoa. Mas, agora, êsse homem já tinha morrido, ninguém soubesse, fizesse recordação, de nada, mais. Só as falsas conversas, sem senso, como por ocasião, no começo, na vinda das primeiras cheias do rio, com chuvas que não estiavam, todos temeram o fim-do-mundo, diziam: que nosso pai fôsse o avisado que nem Noé,* que, por tanto, a canoa êle tinha antecipado; pois agora me entrelembro. Meu pai, eu não podia malsinar.*E apontavam já em mim uns primeiros cabelos brancos.

Sou homem de tristes palavras. De que era que eu tinha tanta, tanta culpa? Se o meu pai, sempre fazendo ausência: e o rio-rio-rio, o rio—pondo perpétuo. Eu sofria já o começo de velhice—esta vida era só o demoramento. Eu mesmo tinha achaques, ânsias, cá de baixo,* cansaços, perrenguice de reumatismo. E êle? Por quê? Devia de padecer demais. De tão idoso, não ia, mais dia menos dia, fraquejar do vigor, deixar que a canoa emborcasse, ou que bubuiasse sem pulso, na levada do rio, para se despenhar horas abaixo, com tororoma e no tombo da cachoeira,* brava, com o fervimento e morte. Apertava o coração. Êle estava lá, sem a minha tranqüilidade. Sou o culpado do que nem sei, de dor em aberto, no meu fôro.* Soubesse—se as coisas fôssem outras. E fui tomando idéia.

Sem fazer véspera.* Sou doido? Não. Na nossa casa, a palavra doido não se falava, nunca mais se falou, os anos todos, não se condenava ninguém de doido. Ninguém é doido. Ou, então, todos. Só fiz, que fui lá. Com um lenço, para o aceno ser mais.* Eu estava muito no meu sentido. Esperei. Ao por fim, êle apareceu, aí e lá, o vulto. Estava ali, sentado à pôpa. Estava ali, de grito.* Chamei, umas quantas vêzes. E falei, o que me urgia, jurado e declarado, tive que reforçar a voz:—Pai, o senhor está velho, já fêz o seu tanto... Agora, o senhor vem, não carece mais... O senhor vem, e eu, agora mesmo, quando que seja, a ambas vontades, eu tomo o seu lugar, do senhor, na canoa!...—E, assim dizendo, meu coração bateu no compasso do mais certo.

Êle me escutou. Ficou em pé. Manejou remo n'água, proava para cá, concordado. E eu tremi, profundo, de repente: porque, antes, êle tinha levantado o braço e feito um saudar de gesto—o primeiro, depois de tamanhos anos decorridos! E eu não podia...

A Terceira Margem do Rio

Por pavor, arrepiados os cabelos, corri, fugi, me tirei de lá, num procedimento desatinado. Porquanto que êle me pareceu vir: da parte de além. E estou pedindo, pedindo, pedindo um perdão.

Sofri o grave frio dos mêdos, adoeci. Sei que ninguém soube mais dêle. Sou homem, depois dêsse falimento?* Sou o que não foi, o que vai ficar calado. Sei que agora é tarde, e temo abreviar com a vida, nos rasos do mundo.* Mas, então, ao menos, que, no artigo da morte, peguem em mim, e me depositem também numa canoinha de nada, nessa água, que não pára, de longas beiras: e, eu, rio abaixo, rio a fora, rio a dentro—o rio.

(from *Primeiras Estórias,* 1962)

Notes

The figures refer to pages

O Rapto de Brízida

31 **uns tamancos ao largo a descer o patim para os cortelhos:** 'the distant sound of clogs going down the yard toward the pigsties.'
os rombos das almofadas carcomidas: 'the holes in the worm-eaten door panels.'
a deitar palpites sobre o êxito da empresa, nanja a perguntar aos meus botões se fazia bem, se fazia mal: 'speculating on my chances of success, no longer (*não já*) worrying about the rights and wrongs of my actions.'

32 **se não andas a horas, a pássara bate as asas:** 'if you don't hurry the bird will have flown.'
zarga: 'cross-eyed woman.'
matou-lhe mas foi o bicho do ouvido com histórias do meu mau génio: 'stuffed her ears instead with tales of my quick temper.'
que sempre lhe causara engulhos: 'which had always troubled her.'
masmarro: a rather pejorative term for a priest.
homem de chaço: 'a man of substance.'
papo branco: 'an easy life.' (Literally, 'white belly.')
com quanta bófia tem: 'for all his boastfulness.'

33 **roca espetada na cinta—como se erguera de seroar:** 'her distaff stuck into her waist-band—as if she had just got up from her evening's work.'
ela sabia a rês que eu era: 'she knew what sort of fellow I was.'
sem tugir nem mugir: 'without a peep.'
podiam largar-me à perna a cavalaria de Chaves: 'they could even send the mounted police after me from Chaves.'
o céu mal esclarecido pelos fogachos da Estrada de Santiago: 'the sky barely illuminated by the stars of the Milky Way.'
com lume sim, mas mais pimpão do que se não houvesse gente, lobos e medos por esse mundo além: 'in a hurry, certainly, but as boldly as if there were no people, wolves or fears abroad in the world.'

34 **turquês:** 'pincers.'

NOTES

Às vezes lá lhe trepava um soluço do fundo da arca: 'Now and again a deep sob rose from her breast.'

com o folar à entrada da barra: 'on the point of receiving his Easter present.' *Folares* are traditionally given, at Easter, by godparents to their god-children or by parishioners to their priest.

tem-te nas gâmbias: 'watch your step.' (Literally, 'stay on your feet.')

a fraldejar: 'looming up.'

abocanhando as rincolheiras que são a madre das trutas: 'licking at the holes where the trout spawn.'

a esbagoar-se-me para as mãos: 'dropping like seeds on to my hands.'

Antes tu chores ao toledo do que eu ficar a tocar berimbau, logrado na minha boa fé: 'It's better you cry like a fool than I should be left empty-handed for being naïve.'

cardenho: 'shed.'

35 **cortinha:** a small piece of ground enclosed by walls.

cieiro: 'cold.' (Literally, 'chapped skin.')

da coitanaxa fiz dona: 'I made the virgin a woman.'

Mal luziu a telha: 'As soon as it grew light.'

o cara-unhaca dum padre: 'a priest who is a great pal of mine.'

corgos: 'ravines.'

salvar: 'greet.'

olhos fechados ao abril: 'refusing to see the beauty of the country-side in Spring.'

36 **capangas:** 'thugs.'

aventaram a ariosca: 'they've realised what you're up to.' (Literally, 'they've scented your subterfuge.')

tudo pode ficar em águas de bacalhau: 'it will be as if nothing had happened.'

para a frente é que é Almeida: 'there's only one way for me: forward.'

quem tem medo compra um cão: i.e., 'I wasn't afraid of anything.'

37 **de bochechas aparvoadas:** 'with a stupid expression.'

maila tropa fandanga: 'with his motley crew.'

e eu que não era estopa: 'and I was no light-weight.' (Literally, 'tow.')

não tocava em nenhum Adomingueiros: 'I still had not managed to reach Adomingueiros.'

o que fosse soaria: 'Happen what may.'

todos farófias: 'full of their own importance.'

lagoia: 'girl.'

NOTES

Embezerrada sim: 'She was sulky, though.'
ciganas: 'ear-rings.'

38 **Já botaram a Lamego se era esse o destino:** 'They will have got to Lamego already, if that is where they were going.'
Lá se avenham: 'That's your problem.'
que lhe levam a perna numa dificuldade: 'who are even better than he is in a difficult situation.'
mulheres a catar-se: 'women delousing themselves.'
uma choldra sem conta: 'a countless rabble.'

39 **rasgo:** 'determination.'
os púrrios: 'the rest of his gang.'
quando não havia chacina: 'if he had (been armed) there would have been a killing.'

40 **enrijou da zagalotada:** 'recovered from the bullet-wound.'

Tiro ao Alvo

41 **espadanar:** 'splashing.'
Estica: although the negro's nickname is attributed here to his limp, *Estica* is generally used to refer to a tall, thin person.
seringueiros: rubber tappers.
terçado: a large, heavy knife used for tapping rubber trees, cutting through undergrowth etc.

42 **escanzelado:** 'skinny.'
de desvão a desvão: 'penetrating every nook and cranny.'
nem as próprias onças se aproximavam, por mais porcos que houvesse: 'not even the cougars would come near, however many pigs there were.'
mais toada que palavras: 'a rhythmical chanting of sounds rather than words.'
no ventre dos negreiros: 'in the hold of the slave-ships.'
o tronco: a punishment meted out to slaves, consisting of tying them to a tree trunk or stake and (sometimes after a whipping) leaving them for a long period without food or water.
carta de alforria: certificate of freedom.

43 **ia, na montaria, cortar braçados de canarana nas margens do igarapé. Vinha, depois, picá-la cá em cima, na velha mangedoura:** 'he would go, in his canoe, to cut armfuls of reeds along the banks of the narrow channel. Then he would come back to chop them up, over at the old horse-trough.'
carapinha: crinkly hair.
era pim-pam-pum de feira: 'he was like an Aunt Sally at a fairground.'

NOTES

O Incêndio

44 **seu:** an abbreviated form of *senhor*.
cajuzeiro: cashew tree.
pernejando: 'limping.'
velho bonzo que se animara: *bonzo*, bonze (Buddhist priest), although the author seems to have a statue in mind.
O que vinha à frente era sempre o seu bordão: 'His stick was continually moving in front of him.'
barracão: on rubber plantations, the owner's house.
encastoados: 'mounted like precious stones.'

45 **Tronco e peixe-boi no lombo só nas senzalas:** 'Whipping at the stake was only for slaves.' *Peixe-boi*, the sea-cow, whose hide provided the material for whips; *senzala*, slave quarters and, by extension, the days of slavery (abolished in Brazil in 1888.)

46 **e tirassem os seus arranjos:** 'and carry out their belongings.'
Só não disse àquele que está lá em cima: 'The only one I didn't warn was that man up there' (i.e., sitting on the roof.)
num repelão: 'suddenly and forcefully.'

Entra em Cena Melle Dora

47 **aparadas:** 'carefully trimmed.'
48 **uma comichão de riso:** 'an urge to laugh.'
49 **pena é que a presença de visitas...:** 'if it were not for the presence of a visitor...'
Ou depenas patos... ou já não fazes questão do sexo da clientela: 'Either you're out to swindle him or you've stopped being choosy about the sex of your clients.'
50 **miséria:** 'degenerate behaviour.'
51 **uma frase de salão:** 'a conventionally polite expression.'
52 **alcapões disfarçados:** 'concealed pitfalls.'
Basta estender uma côdea à sua vaidade faminta, ou um bordão às suas debilidades: 'All that's needed is to offer them a sop for their starved vanity or a crutch for their weaknesses.'
54 **Mas hás-de chegar a poder com eles:** 'But you will learn to cope with them.'
56 **eu e teu pai vamos indo sem novidade de maior:** 'your father and I are getting along as usual, nothing much has happened.'
Mas ainda não posso pegar num pacote que contenha meio quilo: 'But I still can't manage to pick up a parcel if it weighs as much as half a kilo.'
servido: 'used.'

157

NOTES

Sexta-Feira da Paixão

58 **Aquele dia santo:** i.e., Good Friday.
Tocara à ordem mais cedo: the bugle had sounded to announce that the soldiers could leave the barracks earlier than usual.
o ramerrão do serviço: 'the routine orders of the day.'
rancho: meal(-time).
faxina das luzes: the soldier placed in charge of the lighting in the barracks.
marmita: soldier's mess kit.
o toro de linguiça: 'the piece of sausage.'
endoenças: church rites during Holy Week.
59 **Matriz:** the principal church of a locality.
bioco: a veil or hood worn in church.
esmola: (here) 'favour.'
chomo-le 'o meia-croa'...: 'Everyone calls him "Ha'penny"...'
Coroa is a colloquial term for a fifty *centavo* coin.
minha irmã é ũa prove de Cristo: 'my sister is a poor woman.'
um alqueirinho de terra: 'a little piece of land.'
Fázim de renda uns pastos do sr. Matesinho Dulmo: 'They cultivate some land rented from Matesinho Dulmo.'
60 **mãis sachá-los?!:** 'but weeding them, that's the problem!'
se nã se le acode: 'unless someone lends a hand.'
inda que queiro, não atímum: 'even if they wanted to, they couldn't do it.'
o abrasão da família: 'the family name.'
labutação: used here to mean 'education.'
Andei co aquilho ò colo: 'I used to carry her in my arms.'
no esforço das flexões: 'straining to touch his toes.'
sua lábia do campo: 'his soft, peasant's way of speaking.'
monte: 'country estate.'
61 **chapéus de coco:** 'bowler hats.'
sem braços que "lho" ganhassem: 'with no-one to provide for them.'

Uma Caçada aos Pombos

61 **Caminhando de gatas:** 'creeping on all fours.'
62 **cedendo à estaleca de todo o bom caçador:** 'yielding to the impulse of all good shots.'
trocazes de rocha: rock doves.
São assustados e biqueiros; comem só baga de loiro: 'They are timid and fastidious as to food; they only eat laurel berries.'

NOTES

de mão em pala nos olhos: 'shading his eyes with his hand.'
uma luz de vante: the light on a prow of a boat.
ao pé de um vestido claro: 'next to a light-coloured dress,' i.e., a girl.
gritar em porta-voz: 'hailing them.'
Parece senha: 'It sounds like a password.'
bota cardada: his boots have cleated soles.

63 **perdeu-se no escuro a pique:** 'he plunged into the darkness and disappeared.'
ardia na ressalga do mar que lhe fazia os dedos ásperos: 'burned in the salt-roughened skin of his fingers.'

Madalena

64 **Um sol. . . caía a pino:** 'The sun. . . was beating straight down.'
Tudo estava em chegar a Ordonho a tempo da sua hora: 'Everything depended on reaching Ordonho in time to give birth to her child.'
Cada fragão de estremecer!: 'How frightening the huge crags were!'
Já agora, por mais um pouco, era levar a cabo aquele timbre: 'Now at last, just a little longer and she would have seen it through to the end.' *Timbre*: (here) sense of duty, personal honour.

65 **Nem o maroto que lhe fizera o serviço desconfiava:** 'Even the fellow who had got her in this state didn't suspect.'
pô-lo a andar: 'she sent him packing.'
tinha as sortes: 'he had his military service to do.'
A engolir as palavras, deu a entender, numa cava, que sim e mais que também: 'While digging a field with some other people he had let it be understood, without saying anything directly, that the two of them had, well, you know how it is.'
alarvadas: 'boasts.'
Roalde: i.e., the villagers of Roalde.
Dera com o nariz no sedeiro, realmente. Na primeira quem quer cai: 'She really had slipped up. But only a fool makes the same mistake twice.' The full version of the proverb is: *Na primeira quem quer cai, na segunda cai quem quer.*
Nove meses como nove novenas!: 'Nine weary months!'
vira-se e desejara-se!: 'she had been at great pains.'
àguinha—era dar ao talhadoiro: 'there was water to spare.'

66 **trespassadinha:** 'racked by pain!' The diminutive emphasises the girl's wretched plight.

159

NOTES

magusto do S. Martinho!: St Martin's Day (11th of November) is traditionally celebrated in Portugal at open-air parties (*magustos.*)

até jeropiga tinha ali à mão!: unlike *água-pé* (diluted must) which is also served at St Martin's Day parties, *jeropiga*, a concoction of must and *aguardente*, would certainly be calculated to weaken a girl's resistance.

não tugiu nem mugiu: 'she made no fuss at all about it.'

Mas o cão só pensava na carniça: 'He was only after one thing.'

67 **um olho marinho que fartava os lameiros e ficava na mesma:** 'a spring which filled the marshland with water and never dried up.'

68 **As cancelas escancaradas fechavam-se lentamente:** 'the gaping aperture of her womb was slowly closing.'

Escândalo na Cardenha

68 **Foi nessa noite que na cardenha deram pela falta do Gustavo e da Glória:** 'It was that night, in the barn, that the absence of Gustavo and Gloria was noticed.' *Cardenha*, a sort of barn or large shed, used, in this instance, as sleeping quarters for seasonal workers.

Apoiada na compreensão da Angélica: 'Counting on Angélica to understand' (and not give her away.)

moça alorpada: 'a silly young girl.'

69 **A capa da misericórdia tentava encobrir o sol:** 'Moved by compassion, she was attempting to conceal something as clear as daylight.'

os mais: 'the rest of us.'

A Glória anda no fado há mais de duas horas: 'Gloria's been having a good time out there for over two hours.'

Ai a grande calatra!: 'What a hussy!'

mas a não querer dar-se muito por achada: 'but trying to pretend that there was really nothing amiss.'

E a Augusta, de cá, pôs mais achas no lume: 'And Augusta, from her side of the wall, put more fat in the fire.'

Então mas a Glória pisgou-se?: 'Has Gloria gone off, then?'

quando se vê naqueles assados: 'when you find yourself in that sort of situation.'

70 **a comer as papas na cabeça:** 'pulling the wool over our eyes.'

ninguém punha a mão no fogo por eles: 'no-one would answer for what they might have been up to.'

à frente da devassa: 'leading the investigation.'

Se calhar foi vossemecê que os chegou: 'It wouldn't surprise me if you were the one who brought them together.'

Já não chamou pela mãe!: 'She's a big girl now!'

NOTES

71 **Desbragados, os homens não tinham mão na língua nem nos sentidos:** 'All shame lost, the men had no control over either their tongues or their feelings.'
apesar de criança: 'even though he was only a child.'
72 **Eh, pessoal, são horas! Toca a andar!:** 'Hey, you lot, it's time to start! Get moving!'

Renda de Peniche

73 **O miúdo ficou de longe:** 'The boy kept his distance.'
Se bem o pensou melhor o fez: 'And that is exactly what he did.'
Renda de Peniche: A small coastal town about seventy miles from Lisbon, Peniche is famous for its lace, woven by the wives and daughters of fishermen.
Mas isso nem está acabado: The boy has only brought an unfinished sample of his sister's work.
A minha irmã já trabalhou para fora: 'My sister has done work to order before' (as opposed to making lace for her own use.)
74 **dez e quinhentos:** Ten *escudos* and five hundred *réis*, i.e., ten and a half *escudos*.
Faço-lhe treze escudos, pronto: 'All right, for you, thirteen *escudos*.'
arrebitou as orelhas: 'he pricked up his ears.'
barbatanas: 'flippers.'
avaliou as águas: 'Na vazante?: 'he noted the direction of the tide. At low tide?'
criança que faz pela vida: 'a child living from hand to mouth.'
ao ataque e já: 'it was now or never.'
75 **E fugiu a sete pés para São Romão:** 'And he ran off as fast as he could toward São Romão.'
Deixa lá a renda: 'Don't bother about the lace.'
Não me admirava: 'It wouldn't surprise me.'
uma data de velhas à braseira, a ratarem na vida do próximo: 'a bunch of old women at the fireside, picking over the affairs of other people.'

Amputação

76 **braçadeira:** an armband, worn by officers on duty.
marquesa: 'operating table.'
porta de armas: the main gate of a military barracks, where the sentry salutes visitors by presenting arms.

161

NOTES

faxinas de bata branca: A *faxina* is a soldier assigned to a particular duty—in this instance, to work as an orderly in the infirmary.

77 **Mas até dessa vez foi um instante de presença, um relance:** 'But even then they could catch no more than a momentary glimpse of him.'

se deviam levar o doente à faca: 'whether they should perform surgery on the patient.' (Literally, 'use the knife.')

Os maqueiros davam tratos à imaginação para traduzir a conversa dos médicos: 'The stretcher-bearers racked their brains to work out what the doctors were saying.'

o dia a dia da lavoura: 'the routine day's work in the fields.'

78 **Vi-me à rasca com ele:** 'I had a lot of trouble with him.'

ou seja lá o que perderam: 'or whatever it is they have lost.'

79 **Gaita:** an exclamation of astonishment.

rancho: (here) canteen.

o soldado-sentinela está na mesma: 'the soldier on guard is in the same (pensive) mood as before.'

Vamos ao alcatrão: 'Let's have some coffee.' (Literally, 'tar.')

há quem diga que a vida na enfermaria é uma peluda: 'some people claim you have an easy time of it in the infirmary.' *Peluda,* military slang for reserve duty and, by extension, anything pleasant.

lanzudo: 'you lout'; used, especially among soldiers, as a good-humoured and friendly term.

Se calhar ainda lhe dão alguma porrada: 'I wouldn't put it past them to punish him even now.'

Não respeitar o fogo é contra os regulamentos: 'To disregard firing range warnings is against regulations.'

pá: probably an abbreviated form of *rapaz*, commonly used in Portugal when addressing a friend.

O Mulato João

81 **calcinhas:** 'the ones with trousers.' The term suggests an element of subservience to white men.

ele entrou a gingar na loja: 'he swaggered into the shop.'

Foram todos pró seu Manel: 'They all preferred to do business with Manuel.'

fez menção de saltar o balcão: 'he made as if to jump over the counter.'

82 **O senhor é que fez:** 'It's you who made me,' i.e., 'I'm your son.'

Você panhou eles...?: 'Did you get them?' (to come.)

ginguba: 'peanut.'

Tem gente que não caba mais: 'He has masses of customers.'

NOTES

- 83 **nha:** an abbreviated form of *senhora*.
  fez-lhes um manguito: 'he made an obscene gesture at them.'
  fulo: a member of the Fula tribe.
  Você tá cambolar: 'You're touting for customers.'
  Tu é mêmo meu fio: 'You're my son all right.'
  Pega é gaita...!: 'That'll be the day!'
- 84 **fazer mão baixa a qualquer ninharia:** 'steal something or other.'
  Euá: 'That's right.'
  ambaquista: a native of Ambaca.
- 85 **braça:** an arm's length (of cloth.)
  sobas: tribal chiefs.
  tingo: a few small articles given free by the shopkeeper to those who make a substantial purchase.
- 86 **angolares:** Angolan escudos.
  Dá fiado, mas recebe os quinze: 'Take the fifteen and give him credit for the rest.'
  E passou uma descompostura em forma: 'And he gave (them) a good telling off.'
  sobeta: a minor chief.
- 87 **tem olhos de bambi!:** 'He's as sharp-eyed as a gazelle!'
  sipaios: black policemen.
- 88 **Tá minino:** 'He's only a child.'
  Tem tempo deu minha pano: 'It's ages since you gave me any cloth.'
- 89 **Véio como quê!:** 'Look how old they are!'
  missanga: beads.
  Não é um calquer: 'You're not just a nobody.'

Estória da Galinha e do Ovo

- 91 **ngoma:** a traditional type of drum.
  musseque: a poor black quarter.
  fimba: 'sets.'
  mulemba: 'sycamore.'
  quitanda: a sort of general store.
  rebocando miúdo Beto e avisando para não adiantar falar mentira, senão ia-lhe pôr mesmo jindungo na língua. Mas o monandengue refilava: 'dragging little Beto along and warning him not to start telling lies, or she would put red pepper on his tongue. But the lad would not give up.'
- 92 **ao contrário:** 'upside-down.'
  mona: 'child.'
  seu mais-novo: 'his younger brother.'

NOTES

a pôr lá: 'to lay her eggs there.'
pópilas!: an exclamation expressing surprise and disapproval.
concebida: 'pregnant.'
massambala: a type of maize.

93 **os olhos... xucululavam na dona:** 'she rolled her eyes mockingly at her mistress.'
Ngala ngó ku kakela ká... ká... ká... kakela, kakela...: These words are onomatopoeic, but also have a further meaning, 'All I'm doing is clucking, cluck... cluck... clucking.'
cubata: 'shack.'
a sacrista da galinha: 'the damned hen.'
pareces és uma sonsa: 'you look such an innocent.'
Sukuama!: a strong expression of astonishment and disapproval.

94 **tuji!:** 'what crap!'
cambular: 'wheedle.'

95 **No olho!:** a rather indecent expression of disagreement; the accompanying gesture has the further meaning of 'I've seen what you're up to.'
mataco: 'rump.'
xaxualhar: 'rustling.'
Mas ninguém que lhe ligava: 'But no-one took any notice of her.'
Vavó: 'Granny'—the oldest woman of the locality, who thus enjoys a certain prestige and authority.
Muitas de vocês que tiveram vossas barrigas já: 'Many of you know what it is to be pregnant.'

96 **muringue:** 'water jar.'
tinha feito batota: 'had cheated.'
as costas quase marrecas: 'with his back hunched up.'

97 **güeta:** a deprecatory term for a white man.
camuelo: 'tight-fisted.'
o barulho das macas com sô Zé: 'the noise of the quarrel with Zé.'

98 **Cadavez:** 'Perhaps.'
Ngëxile kua ngana Zefa Ngala ngó ku kakela: 'I used to live in Zefa's house, just clucking and clucking.'
ngëjile kua ngana Bina Ala kiá ku kuata: 'I went to Bina's house and then all the hue and cry started.'

99 **dar berrida no Beto:** 'to throw Beto out.'
bassula de brincadeira: 'a playful blow.'
fato de fardo: a suit from a bundle of second-hand clothes sent from the U.S.A. by a charitable organisation.
cacimbo: damp, misty weather.

100 **muxoxou:** 'she made an insulting sound' (with her lips.)
não me intrujas: 'you can't cheat me.'
maximbombo: 'bus.'

NOTES

    Logo-é!: 'See you later!'
101 **esteira:** 'mat.'
    Cê-Éfe-Éle: The Railway Company.
    Bessá: '(Give me your) blessing.'
    para muximar: 'in order to flatter him.'
    P'ra quiqüerra: 'You won't miss them.'
102 **a fazer troça:** 'in a mocking tone.'
    partes: 'arguments.'
    Vocês têm cada uma: 'You're full of tricks.'
103 **uatobaram:** 'made fun of him.'
    Com esse não fazes farinha: 'You can't take liberties with him.'
    Quitata: 'prostitute.'
    Rosália xingava: 'Rosalia was shouting and swearing.'
    Tunda, vadio!: 'Be off with you, lazybones!'
104 **imbondeiro:** 'baobab tree.'
    quedes: shoes made of cloth.
    abafado: a not-fully-fermented (and thus sweet) wine.
    a vida dele era tratar de macas: 'he made a living by adjudicating disputes.'
    Para pôr brincadeiras: 'to play tricks on him.'
106 **a saliente da Bina ia lhe chupar o ovo:** 'that brazen Bina was going to get away with her egg.'
    ganjésteres: a mispronunciation of 'gangsters.'
    esquerda: 'jail.'
107 **cassetetes:** 'truncheons.'
108 **Que raio de chinfrim é este?:** 'What the hell's going on?'
    Se calhar é terrorista: 'As likely as not, he's a terrorist.'

O Menino Mais Novo

111 **Fabiano botou os arreios na égua alazã e entrou a amansá-la:** 'Fabiano put a harness on the sorrel mare and set about breaking her in.'
    Metido nos couros, de perneiras, gibão e guarda-peito: 'Encased in his leathers—his leggings, jacket and chest protector.'
    copiar: a small shed or porch built next to the house.
    e foi um redemoinho na catinga: 'and, instantly, flew through the scrub like a whirlwind.'
112 **recolhia-se banzeiro e cambaio:** 'he was walking back with his swaying, bow-legged gait.'
    como o pirralho insistisse, deu-lhe um cascudo: 'when the kid kept it up, she cuffed him on the head.'
    pé-de-vento: 'gust of wind.'

NOTES

113 **Este capeta anda leso:** 'The little brat's always in a dream.'
mexendo-se como urubu, arremedando Fabiano: 'moving jerkily, like a vulture, imitating Fabiano.'
mas parecia-lhe que ali em cima tinha crescido e podia virar Fabiano: 'but it seemed to him that, up there, he had grown taller, he could become another Fabiano.'
catingueiras: the thorny, stunted trees of the *catinga*.
115 **na vazante, nas touceiras secas de milho:** 'on the dry part of the river bed, among the dry corn-patches.'
abatidas com a mão de pilão: 'slaughtered with a wooden club.'

Ciúmes

Mangue: The red-light district.
Entrou no quarto com uma rabanada: 'She stormed into the room.'
duas chineladas: 'a couple of smacks with a slipper.'
116 **baixou a pancada:** 'calmed down a bit.'
uma praga bastante cabeluda: 'a pretty strong swearword.'
tinta: 'make-up.'
moleirão: 'softy.'
117 **Se um dêles fizesse aquilo, bem, estava certo:** 'She was sure she would not care if one of them did someting like that.'
experimentá-lo praticando leviandades: 'testing his temper by doing frivolous things.'
entrava nos eixos: 'settled down.'
Não se tira um. Tirava-se o dela, naturalmente: 'Every last one of them. With the exception of her husband, of course.'
119 **Zulmira se tinha habituado a um grande número de amolações:** 'Zulmira had got used to all sorts of annoying things.'

A Herança

120 **Achava-me impressionado:** 'In his opinion I had taken it badly.'
engenho: 'sugar plantation.'
Eu representava uma grande parte da herança: 'I had claim to a large part of the estate.'
121 **safra:** the harvesting and processing of the sugar cane.
com o seu ferro: 'marked with her brand.'
Caixa Económica: 'Savings Bank.'
O velho há anos que arrecadava para o neto: 'The old man, for years, had been putting money aside for his grandson.'

NOTES

    E que tirassem os bois de carro que desse para a moagem e o resto que se dividisse: 'And they should leave aside the oxen required to work the cane grinder and divide the rest amongst them.'

122 **deixando que corressem as coisas à revelia:** 'letting things take their course.'

    daquelas bandas: 'from those parts.'

    uma sonegação de herança nas barbas do fisco: 'an inheritance swindle carried out under the nose of the Tax Office.'

123 **compradas a perú:** 'decided by bribes.' *Perú*, turkey, is also a colloquial term for a twenty *cruzeiro* note.

    cabra: a hired thug.

    Agora sentia-me advogado: 'Now I had good cause to act.'

    mestre de açúcar: the supervisor of the cane processing.

    ficou no manso: 'was left in peace.'

    Crescendo os olhos: 'Looking covetously.'

124 **governo:** 'owning and running a plantation.'

    Casa-Grande: the plantation owner's house, as opposed to the workers' quarters.

    burrama grande: 'a large number of donkeys.'

    A sua nave capitânia não sofrera avaria de espécie alguma: 'His flagship had not sustained the slightest damage,' i.e., his estate had been left intact.

A Casa Assombrada

125 **alpendre:** 'veranda.'

    cataventos: 'windmills.'

    Perdeu o prumo, afrouxou o leme e quando viu foi a canoa descer como doida: 'He became careless, let the rudder go slack and, before he knew it, the boat was drifting wildly in the current.'

    pegar outra vez no serviço: 'go back to work again.'

    dera para andarilha: 'took to wandering around.'

    um velho arremediado da Barra: 'a fairly wealthy old man living in Barra.'

126 **arriou a cumieira:** 'the roof ridge collapsed.'

    Pagava as suas contas em dia e a loja minguando. Por lá não passava ninguém para negócio: 'He settled his accounts promptly, but the shop did badly. No-one would go there to do business.'

127 **Dava azar, era pé frio:** 'He brought bad luck, he was a jinx.'

    visagens: 'apparitions.'

128 **manobrando no fácil:** 'coasting along easily.'

NOTES

dera para sonhar com botija: 'he began to have dreams about a hoard of gold.'
esburacou a casa, e deu no que deu: 'he ransacked the house and came to a bad end.'
Dizia-se do norte, filho do Ceará: 'He was said to be from the North, a native of Ceará.'

129 **ia mesmo em cima das moedas de ouro:** 'couldn't miss finding the gold coins.'
siris: 'crabs.'
A mulher pediu jubilação para tratar dele: 'His wife applied for early retirement in order to look after him.'

130 **com jeito esquisito:** 'with a strange air.'

131 **sezão:** 'malaria.'
a mataria tomou conta da Casa Azul: 'wild plants took over the Casa Azul.'
bolir com: 'meddle with.'

Cangaceiros na Cidade

132 **Cangaceiros:** bandits of the north eastern backlands.
avisar: 'give a warning.'
os dois contos que faltavam: the bandits had demanded a 'tribute' from the town, of which two thousand *cruzeiros* remained to be paid.
Mas não contava que Lucas resolvesse levar todo mundo: 'But it had not occurred to him that Lucas might decide to make everyone go.'
Tudo que fôr mulhé e os homens graúdo: 'Every female (of whatever age) and grown men.'
Já tão querendo me ver pelas costas?: 'Can't you wait to see the back of me?'

133 **famia:** *família*.
Fugiro: *fugiram*.
Tá até demais: 'it's even more than enough.'
cadê ela?: 'Where's she got to?' (*Que é dela*.)
macaco: 'ape,' the bandits' insulting term for a policeman or soldier.

134 **muié:** *mulher*.
Lucas se aboletou com um jagunço: 'Lucas installed himself with a bodyguard.' *Jagunço* can have a similar meaning to *cangaceiro*, but some distinction may be intended here.

135 **capanga:** henchman, bodyguard.

136 **era indiferente:** 'it made no difference.'

NOTES

 pato de molas: i.e., a clockwork toy given to the bandits by the travelling salesman.
 mandou que passassem devagar: 'he ordered it to be shown again, in slow motion.'
 fia: *filha.*
137 **tapona:** 'heavy blow.'

Cada Coisa em Seu Lugar

137 **para unânimes desfilarem em continência:** 'in order to march past together in salute.'
138 **Alfredo às voltas com seus santos:** 'Alfredo going around selling his statuettes of saints.'
 patolava os dois olhos de uma vez e arregalados naqueles dons de Deus, bens da polícia: 'he would fasten his bulging eyes once and for all on those gifts of God, the policeman's property.' (Dona Magnólia is the mistress of a detective.)
 castelo: a brothel, or a hotel with rooms readily available for illicit assignations.
 essa sua criada: 'yours truly.'
 cafuné: 'affectionate caresses.'
139 **como a dizer-lhe ser de cotovêlo sua dor e êle a causa:** 'as if to let him know that the pains she felt were the pangs of love and he was the cause of them.'
 Era uma bunda e tanto, das de tanajura: 'It was an outsize bum, like a tanajura's,' (the female of the sauba ant.)
140 **Você me paga, seu banana, seu chibungo velho!—e saiu para intrigar:** 'You'll pay for this, you slob, you old pansy.'—and she went out to make trouble for him.
141 **em mar de urucubaca:** 'lost in a sea of troubles.'
 breve passagem pelo xilindró com bolos de palmatória: 'a short stay in jail with a good beating.'
 o tipo exagerara: 'the fellow had gone too far.'
 na barganha de uns mil-réis extorquidos a bicheiros: 'in the apportioning of some money extorted from the agents of illegal lotteries.' The term *'barganha'* refers to any kind of dishonest transaction.
 Sem falar no delegado de costumes: 'Not to mention the Inspector of Public Morals.'
 Foram aos tabefes: 'They came to blows.'
 lenga-lenga: 'long-winded tale.'
142 **meteu-lhe a mão nas fuças:** 'gave her a beating:' (Literally, 'slapped her face.')

NOTES

de lambugem: 'for good measure.'
ao inocentá-lo não deixou de opinar: 'admitting his innocence did not stop her from giving her opinion.'

Maria Mutema

143 **Jagunço:** a gunman of the backlands, either an outlaw or in the service of a landowner.
no quieto arruado dos outros: 'in the peace and quiet of other people's communities.'
roupilhando: a composite word formed from *roubar* and *pilhar*.
Êsmo disso, disso, queri: 'continually wondering about this, I wanted to know.'
broeiro peludo: 'rough countryman.'
Nós vive: 'We live as best we can.'
xingou xiu: 'he swore at me to keep quiet.'
fui ponteando opostos: 'I kept raising objections.'
Quero os todos pastos demarcados: 'I want everything clearly defined.'

144 **como êle no cerne era:** 'as he was at heart.'
Tudo poitava simples: 'Everything was straightforward to him.'
bôrro da chuva: 'the murk of the rain.'
mulher em preceito sertanejo: 'a woman whose character was typical of the backlands.'
Dera em carola: 'she had become (over-) pious.'

145 **sacudida:** 'robust.'
de mão cheia: 'first-rate.'
a junjo: 'willy-nilly.'
encaveirou: i.e. he became so emaciated his head was like a skull.

146 **tascava de começar:** 'he was just about to commence.'
governava com luzes outras: 'had more than mortal faculties.'
tresfim: 'the very end.'
em brasa vermelho: 'aflame with anger.'

147 **para tremer exemplo, raio em pesadelo de quem ouvia, público, que rasgava gastura:** 'of the sort that gives you an unforgettable shock, searing like a nightmare the minds of those who heard it, in front of everyone, making their flesh creep.'
do ôco para o ôcão: 'from the hole to the great void.'
espôco de festa: 'the noise and high spirits of the festival.'
recolhida provisória: in temporary custody, before being taken away for trial.

000 **praças:** 'soldiers.'

NOTES

A Terceira Margem do Rio

pau de vinhático: a hard tropical wood.
que nessas artes não vadiava: 'who was not familiar with such skills.'
149 **matula e trouxa:** 'victuals and clothes.'
de vez de jeito: 'with alacrity.'
chega que um propósito perguntei: 'so much that I even made a suggestion.'
na grota do mato: 'hidden by the trees.'
vergonhosa: 'ashamed.'
o que ao menos se condizia mais correto: 'which, at least, was generally considered the proper thing to do.'
rapadura: pieces of hard, brown sugar.
150 **a salvo de bicho mexer:** 'where no animal could reach it.'
só se encobrindo de não saber: 'but pretending she did not know about it.'
De outra, por arranjo dela, para mêdo, vieram os dois soldados: 'On another occasion, she arranged for two soldiers to come, to frighten him' (into returning.)
brejão: 'swamp.'
Às penas: 'But with difficulty.'
sereno: chilly, misty weather.
croas: 'sand-banks.'
gameleira: 'fig tree.'
151 **no gasalhado da noite:** 'at night, when we were snug and warm at home.'
ela mesma entestou: 'it was she who got it into her head.'
152 **me diz-que-disseram: que constava que nosso pai, alguma vez, tivesse revelado a explicação:** 'they could only tell me what they had heard: that, once, father was supposed to have revealed the reason.'
nosso pai fôsse o avisado que nem Noé: 'father had been warned (of a flood) even more clearly than had Noah.'
Meu pai, eu não podia malsinar: 'I could not blame my father.'
cá de baixo: some sort of abdominal pain.
ou que bubuiasse sem pulso, na levada do rio, para se despenhar horas abaixo, em tororoma e no tombo da cachoeira: 'or drift out of control in the swollen current to be destroyed, hours down-stream, in the roaring flood and plummeting cataract.'
no meu fôro: 'inside me.'
Sem fazer véspera: 'I'll come to the point.'
153 **para o aceno ser mais:** 'to attract his attention more easily.'

NOTES

de grito: 'within hailing distance.'
falimento: defaulting, culpable failure.
temo abreviar com a vida, nos rasos do mundo: 'I fear my world-weary existence will soon come to an end.'